中國人的精神生活

許倬雲——著

許倬雲《中國人的精神生活》推薦書

余英時

本書通論中國人的精神生活，既精到，又生動。作者強調他所採用的是「普通民眾的角度」，其實並不盡然。本書所呈現出來精神生活相當全面，上起文化菁英，下至普通民眾，無不包含在內。誠然，過去哲學家論中國文化精神多從菁英觀點發揮，以致不易為普通民眾所理解，如馮友蘭「貞元六書」或唐君毅《中國文化之精神價值》即其顯例。今許先生新著特別推廣到普通民眾，自是一別開生面之創舉，因而也構成本書一大特色。但細讀本書各章，作者揭示中國精神生活各方面，不但遍引儒、釋、道經典以及古典文學等為論證的出發點，而且也往往先作哲學討論然後歸宿於民間的一般認識。所以「普通民眾的角度」云云，祇能看作是一種謙詞。

本書最重要的貢獻可以概括為以下三項：

一、宏觀與微觀交互為用

作者將中國人的精神生活看作一種多元互動的秩序，因此從不同層面和角度分別觀察它的表現。但作者並未循流忘源：局部的微觀不但沒有使他輕忽整體的宏觀，反而更凸顯出整體與局部之間以及各局部之間的內在聯繫與互動。所以我稱之為宏觀與微觀的交互為用。若用中國傳統的概念表達之，即是既致廣大又盡精微。

二、雅俗共賞

前面講菁英觀點與庶民觀點的兼收並蓄，已涉及雅俗共賞的範圍，但仍須作進一步的闡釋。現代西方學人論西方文化的雅俗之別（他們的名詞是「大傳統」相對於「小傳統」或「菁英文化」相對於「平民文化」）往往重視二者之間的歧異以至衝突。但在中國思想傳統中雅俗之間的互相印證卻比分歧更受重視。所以明、清之際的劉獻廷特別強調六經和民間占卜祭祀以至戲曲小說等活動是相通的。這似乎也是本書作者的基本立場，貫穿在全書各章。最使我驚異的是：劉氏曾指出，「世之小人未有不信占卜祀鬼神者，此性天中之《易》與《禮》也。」而本書第五章論宇宙變化，從《易經》開講，步步延伸到民俗的各個方面，簡直便可以視為劉氏此語的全面展開。

三、古今一貫

最後更應指出，作者為史學家，其揭示中國精神生活的種種特色，取捨之間始終考慮到時間的因素，尤其注意到自古及今的一貫性。他的論證往往上起最新考古發掘的創獲，繼之以經史文本的記載與後世傳述，最後歸結到他自己的親見親聞。所以本書所呈現的文化精神是今天仍可證驗的真實存有，而不是無生命的紙上虛構。作者記述親見親聞的文化現象，取捨之間也同樣有分寸，以印證古今一貫的真實性。所以他詳記早年在無錫和少年到中年在臺灣的許多見聞（如第三、第七、第八各章），但他對於短期居住甚至偶爾旅遊所過的海外華人社群也省察入微，不過著墨不多，以示謹慎，如香港新界的「義門」（第九章）和馬來西亞馬六甲的「祭祖」（第六章）便是顯例。

總而言之，許先生好學深思，遍涉人文—社會諸學科。寫此書時，他將廣博的知識加以融會貫通，而納入一種由深思熟慮得來的分析系統之中。不但如此，他也廣泛參考了現代學人的相關論著，除書中一再提及的馮友蘭、費孝通之外，其他流行的看法也往往見於討論之中。所以本書並非一人閉門造車，而是遍檢眾說、去蕪存菁的結晶。本書所揭示的種種文化特色，我相信絕大多數的讀者都不會發生認同的困難。但作者的終極判斷卻非從折衷他人之見而來，而是建立在上述三重論證之上，這是本書超越前人之所在。

作為一部學術專著，本書體現了現代客觀研究的極致。但作者用心尚有更深於此者。他認定西方文化所主導的現代文明，由於「人與人之間的疏離，人與自然之間的分割」，今天已深陷於危機之中；而中國文化則以人為主體，人與自然也融合互依。因此他希望中國文化的特色能發生他山之石的功用，以「匡救現代文明的困難」。本書的〈後言：中國文化的新生〉便有力地表達了一位當代仁者悲天憫人的呼聲。

顧炎武曾說：「君子之為學，以明道也，以救世也。」這恰恰是一部「明道」之作，同時又是一部「救世」之作，我鄭重地推薦它給讀者。

•余英時，中央研究院院士，普林斯頓大學講座教授。二〇〇六年獲頒有「人文學諾貝爾獎」之稱的克魯格獎（Kluge Prize）。二〇一四年獲頒第一屆唐獎漢學獎。

許倬雲《中國人的精神生活》導讀

許紀霖

許倬雲先生是中國史研究的大家，他的西周史、春秋戰國與漢代的社會史研究獨步天下，但影響更大的是他打通中西、縱觀古今的通史研究。大師寫專著不難，但大師寫小書，卻沒有幾位能夠做到。近二十年來，許先生的《萬古江河：中國歷史文化的轉折與開展》、《歷史大脈絡》、《我者與他者：中國歷史上的內外分際》、《許倬雲看歷史系列》、《說中國》等，成為膾炙人口的暢銷讀物。不要以為這類讀物好寫，只有學問到了爐火純青、閱歷通透人情世故、人生看盡江山滄桑的時候，方能夠化繁為簡，將歷史深層的智慧以大白話的方式和盤托出。有學問的專家不謂不多，但有智慧的大家實在太少，而許先生，就是當今在世的大智者之一。

許先生的著作，氣象與格局都很大，這與他的內心擁有家國天下的大關懷有關。

一九九九年我在香港中文大學工作的時候，第一次與許先生相識。那一年，他在中大歷史系客座。有一天，他將我召到他的辦公室，不談具體的學問，而是與我討論當今世界文化出現的大問題，這些問題令他感到深深的焦慮，不吐不快。近二十年後，當我閱讀許先生的這本新著，發現這些問題依然盤桓在他內心，彌久而不散。他在書的開篇就說：「二十一世紀的世界，似乎正在與過去人類歷史脫節。我們的進步，似乎是死亡列車，加速度地奔向毀滅。套用狄更斯在《雙城記》中說的話：『我們是在最美好的時代，我們也在最無望的時代。』」除了世界，他最關心的是自然是中國，隨著在經濟上的崛起和社會日趨世俗化，中國發生了前所未有的變化，在社會文化層面，已經完全不是中國傳統的面貌。利益至上，成為許多中國人的人生準則。他說，中國人強悍，也許是發展的動力，但也往往會傷害別人而不自覺。人與人之間冷漠，將會使中國社會，斷裂崩解。中國人對於環境的毀壞，也往往揠苗助長，竭澤而漁；是否有一日，中國會成為一片荒漠？

憂心忡忡的許先生，覺得歷史的顛簸和挫折，使得中國文明丟失了不少本來有的好傳統。他決意寫一本書，重新反省中國文明，看看是否還有剩下的一些餘瀝，足以挹注和灌溉正處於危機中的現代文明。於是，他將書名定為《中國人的精神生活》。

關於中國文化的精神，自五四以來的一個世紀，已經有許多討論，幾乎所有的文化大家，都有自己的論述。許先生的這本書，依然有自己獨特的視角。文化有大傳統與小傳統之分，以往對中國文化的闡述，大都從儒道佛經典的大傳統層面檢討，成績斐然；然而，許先生觀察中國文化的法眼，卻從小傳統進入，不是從菁英的觀念，而是從一般普通民眾的態度，即他們的安身立命。處事做人的原則，考察日常生活形態中的中國文化。許先生說：「從開天闢地以至於到江湖豪俠，從男女私情到精怪現象，涵蓋的範圍，看上去似乎凌亂，卻也代表了中國一般老百姓他們的喜惡和褒貶。一般老百姓，很少會在談話時，引用四書五經、二十四正史，他們的歷史觀，就是這些故事串聯在一起的一套評價。」這一研究方法，與法國年鑑學派提倡的心態史研究，有異曲同工之妙，都是眼光往下，從民眾的日常生活和不自覺的人格心態之中，發掘文化的本相。他的社會史和考古學的知識以及飽滿的生活實感，讓許先生得以在神話、傳說、小說、祭祀、文物、中醫、卜卦、民間信仰等多種文本中自由行走，展示的是一個活生生的、日常生活中的中國文化。

要尋找中國文化的精神所在，首先要立足於與西方的比較。許先生指出，與西方基督教文化以神為中心不同，中國文化以人為中心。但這個人，又與文藝復興之後的人不同，不是超越了宇宙萬物的孤獨的、自主的個人，而是與天地同等的人。從中國的造人神話，到董仲舒的陰陽五行宇宙論，天地人，是宇宙最重要的三個元素，三者之間不是相隔，而是互相統攝，人在天地之中，天地亦被人化。董仲舒的天人感應之說，在中國人的心裡，始終成為主導的潛臺詞。即使中國人接受了外來的佛教、祆教及摩尼教，但仍以天人感應的理念，融化於其中，組織成海納百川的中國觀念。

與西方不同的是，中國人的宇宙秩序，包括創世的傳說與各種信仰，並沒有特定的大神主宰一切，而是由眾神構成一個大的神聖總體。中國民俗信仰這一特色，和猶太基督教將宇宙一切的變化，歸之於神的意志，兩者之間，有極大的不同。中國人的觀念，宇宙運行的「運」和「勢」，是宇宙系統各種元素自在作用的結果，在這個有機的宇宙系統之內，人如果能夠掌握「運」和「勢」的大方向，也能夠順勢而為，人因此可以獲得宇宙能量賦予的最大福祉。

許先生以中醫學和烹飪學為例，說明中國人講究的五味（甜、酸、苦、辣、鹹）相當於「五行」（水、火、金、木、土），本身無所謂好壞，最重要的是相互的平衡和對沖。綜合太極、八卦、堪輿、奇門，這些民俗的智慧，乃是將數字與圖形，組織成一個有機的宇宙。在這個宇宙模式之中，各個部分存在著互生互克的有機聯繫，宇宙不借造物主的外力，自生自滅，生生不息，發展變化。

宇宙的這一有機性，也體現在人自身。許先生在書中提到王陽明在《傳習錄》中，將人的精、氣、神視為同一回事：「流行為氣、凝聚為精、妙用為神。」也就是說，「精」是生命的本體，「神」是生命中呈現的理性和感性，而「氣」，乃是將生命之能量發布於各處。

一個民族的文化精神最重要的，莫過於其對生命意義的獨特理解，而這又與民族的宗教信仰有關。因為儒家是一種人文學說，而歷史上的中國，又以儒學修身齊家治國平天下，因此，長期以來中國一直被認為是一個缺乏宗教性的國家。這種看法既對也不對。如果將宗教理解為像西方一神教那樣的制度性宗教，自然中國人的宗教觀念很淡。但美國研究中國宗教的權威學者楊慶堃先生將中國的宗教視為一種與西方迥然不同的彌散性宗教，那麼中國人的宗教就有其特色了。許先生在書中對中國的彌散性宗教的特色有非常出色的闡述和發揮。他說，中國的宗教信仰，有神祇和祖靈兩套主題，在民間社會，對包括儒道佛在內的各路神祇的信仰和對祖宗先人的崇拜，構成了一個熱熱鬧鬧的神靈世界。中國人的宗教情緒，並不一定依附在建制性的宗教系統及其有關儀式，而是普遍地融合與包含在日常生活之中。從生和死的問題，延伸為祖先的記憶，凝聚許多個人為宗族團體，而宗族與宗族之間，又有千絲萬縷的親情成分，由此構成了一個有機的中國社會，這個社會是由血緣、信緣與地緣三種關係網絡交錯而成的。

首先是血緣關係。許先生認為：在人間倫理方面，一個族群的延長，是父子祖孫相承的親緣系統。從《詩經》時代開始，中國人對於親子之間的親密關係，就是從幼兒時代的感情成分開展。儒家堅信，人之初，性本善，人性善的核心，乃是孟子所說的惻隱之心，從惻隱之心，延展為羞恥、辭讓，和是非之心，成為仁、義、禮、智的源頭。從心理學上著眼，將心比心，則以生理的親子之情作為基礎，建構人間社會眾人共存的基本原則。

這一血緣為本的文化，也塑造了中國人獨特的生死觀。生與死，是人生最本質的問題。許先生指出，中國人的生命觀，並不是將生、死割裂兩節；放在家族的血緣脈絡之中，生和死是連續的，也只有將一代又一代的生命連成一串，才能慎終追遠。一個個個體的生命，串聯成一個群體的生命，成為整個家族，乃至整個民族的生命延續。個人的死亡，只不過是下一代「生」的轉換。在中國人的觀念當中，整體的生命是兩條線，一條是對延續的盼望，一條是對於過去的憶念。兩者是平行的長流。於是，死後的境界，乃是死前生活的延續；生前具有的一些人際關係，在死後，照舊延續。這兩條並行線：就是生命和死亡，將現在與過去，永遠平行、糾纏不斷。這一基於宗法血緣家族的獨特的生死觀，與西方的個人獨立面對上帝的生死觀，以及佛教的生死輪回觀，有很大的不同。中國人為子孫後代而活著、為千秋萬代造福，同時行事做人要對得起祖宗，不辱沒先人，個人的生命意義與死後的價值，都與血緣家族的傳承聯繫在一起。

其次是信緣。許先生指出：「中國的宗教信仰，與西方猶太基督信仰的最大差別，乃是在於中國人講宗教情緒，以及與其有關的儀式，都融合在日常生活之中。」西方的基督教「因信稱義」，強調的是「信不信」，但中國的宗教具有實用性，如楊慶堃先生所說，乃是「神人互惠」，關心的是「靈不靈」。只要是能夠保佑自己以及家人，哪家菩薩和神仙靈驗，就拜哪路大神。

因為具有實用性，所以中國的宗教不像猶太教、基督教與伊斯蘭教這些一神教，堅信只有自己的神是唯一的真神，這個神主宰宇宙自然、世間萬物與每個人的生死苦樂。他們都相信末世，相信善惡是非、黑白分明，當末世來臨之際，一切都將在神面前得到無情的審判。因此，在西方的歷史上常常發生宗教戰爭。中國人對世界的理解是一個多神共治的世界，儒家的孔子、佛教的觀音、道教的太上老君以及關公、呂洞賓、土地神等，彼此之間可以相安無事，放在一個寺廟裡面祭祀。許先生在書中提到，他的家鄉無錫，各路寺廟尚有一定分別，佛教是佛教，道教是道教，地方上紀念的人物，各按其性質和事蹟，各有各的寺廟。但在臺灣，卻是相當程度的混雜，一家寺廟，幾乎沒有例外，都會成為許多不同神明的共同奉祀之地。他以臺北著名的萬華龍山寺為例，諸位神祇，包括佛、道、儒三教皆在祭祀之列，神明眾多，功能複雜。這充分體現了東方宗教的多神性，與西方的一神教傳統迥然有別。

西方的宗教是一個神聖的世界，與世俗的現實世界構成嚴峻的對立與緊張。但中國的神聖與世俗這兩個世界卻沒有嚴格的界限，神聖在世俗之中，世俗有神聖的庇護。許先生說：「中國人的宗教信仰，無論佛、道，或其混合道教派，在近百年餘年，均呈現淑世道趨向，亦即楊慶堃指陳的『世俗化』，從理論的闡述，轉化為虔敬與實踐，由尋求出世的解脫轉向入世的救助與扶掖世人。」這些年在臺灣與大陸發展很快的星雲法師所主持的佛光山與證嚴法師所主持的慈濟會都具有「人間宗教」的性質，扶弱救貧，廣布慈善，與西方一神教注重個人的信仰、心靈的虔誠形成了鮮明的對照。

然而，西方的一神教傳統在中國歷史上並非毫無影響。許先生指出，到了魏晉隋唐，中亞和內亞的各種一神教：祆教、摩尼教、景教等等都隨著胡人的足跡進入中國，他們並沒有為士大夫菁英所接受，卻沉澱在民間，為民間信仰所吸收，演化為中國的啟示性宗教。宋代方臘的「吃菜事魔」教派、元明兩代的白蓮教、晚清的拜上帝會等等，都吸收了一神教的觀念和儀式。這一個寄生於民間底層的信仰，其實從來沒有中斷，只是在各時代以不同的名稱出現。中國的老百姓平時都是多神教信徒，到了揭竿而起之時，皆拜倒於一神教之下，膜拜於一個至高無上的真神與權威，足見中國的一神教並非到了二十世紀之後才出現的現象，其實在古代中國的民間信仰之中就有淵源可循。

最後是地緣。許先生在書中說：「人類是群居的動物，如果人類沒有集體的組織，個別個人沒有虎豹的爪牙，沒有馬和羊的奔跑速度，也沒有大象、犀牛的大體積，人不能上天，也不能入水，在這地球上，人類根本沒有和其他生物競爭的能力，正因為人類可以合作，才終於主宰了這個地球，奴役了其他的生物。」在各種人際關係之中，中國人除了宗法血緣之外，最注重的是鄉緣。為鄉土為中心，將各種不同的親緣關係網絡、混合類親緣關係網絡以及信緣關係編織為更龐大的地方組織，這是傳統中國權力結構中很重要的一環。許先生指出：雖然中國號稱是大一統的帝國體制，自古以來，中央的權力其實不大，真正的治理實體是在地方。日常事務的管理，其實不在縣衙門，而是在民間。宋代以來形成的地方士紳，是地方的頭面人物，也是民間秩序的治理主體。

費孝通先生在《鄉土中國》之中提出一個理解中國民間社會的重要概念：差序格局，許先生在書中對差序格局有進一步的闡釋與發揮，他說：差序格局的延伸，是從親緣延伸到地緣，每一個人在這大網絡之內，有所歸屬，依靠網絡解決自己的問題，也憑藉網絡，貢獻自己的力量。在差序格局之中，個人既有權利，也有義務；個人要自我約束，明白個人是社群的一部分。然而，個人也不是完全由社群支配。個人主義與社群主義得到某種重疊，這種個人到社群的延長線，是開展的，不是斷裂的。個人對社群的盡力，與他從社群中得到的保障，互為因果，互相依附。許先生認為，中國傳統之中的這一差序格局的特色，與今日西方文明中個人主義的極度發展形成了鮮明的對比。中國社會如今也出現了西方式的「原子化的個人」的現象，個人的孤獨和社群的渙散成為當代社會之痛。而適當回歸中國文化中的社群主義精神，可以救濟個人主義的孤獨，形塑一個既有個人自主性、又有社群向心力的健康社會。

許先生在美國工作與生活多年，深切感受西方文化的長處與不足；同時經常回國的他，又對海峽兩岸的現代變遷有細緻的了解，在書中，他說了一段意味深長的話：「二十一世紀的中國人，深受以西方文化為主軸的現代文明影響，卻又依然置身在西方文化之外。今天，歐美現代文明本身，正在劇變的前夜。他們面臨的問題，例如，人與人之間的疏離、人與自然之間的分割：凡此危機，如果從西方文明的源頭看，西方文明本身很難有解除這些困惑的資源。」他提出，「中國文化以人為主體的特性，以及人與自然密切相關的依附關係，也許可以當作他山之石，將中國常民文化的特色，融入現代文明之中，匡救現代文明的困難。」

一百年前，梁啟超先生在《歐遊心影錄》中提出了「中國人對世界文明的大責任」，同樣懷有家國天下情懷的許倬雲先生，從人類未來發展的大視野中，看到了中國文化貢獻於世界文明的可能性空間。中國文化的精神不是孤獨的、抽象的理念，它存在於華夏歷史的肌膚之中，浸潤於億萬百姓的日常生活。只要民族不亡，生命永續，中國文化的精神也將繼續薪火流傳下去，成為全人類不可或缺的重要文明之一。

• 許紀霖，華東師範大學歷史系教授。

目次

解題

複雜的歷史變奏

本書討論的是一個非常複雜的課題，所以分成十章，從各個角度討論中國人的精神生活。由於章節繁多，而且各章之間互相關聯，無法完全切斷，讀者閱讀時可能會產生混亂之感。這個解題，只是提出線索，幫助讀者理解各章之間的關係，以及整本書的總體面貌。

在前言中，我先提到馮友蘭和費孝通，這二位先生曾經就這個題目所做的努力。馮先生寫作「貞元六書」，其目的是在抗戰結束後的大亂之餘，努力嘗試建構一個中國人在現代的宇宙觀和人生觀。他的工作，是以哲學家的角度，處理中國的思想史，和由此延伸出來的新觀念。費先生的工作，則是從社會學的田野考察，呈現中國人的小區、社群這兩個結構，並思考其如何結合成一個共同體。我的嘗試，則是從他們二位先生的基礎上出發，希望能夠釐清一般中國人，從傳統延續到今天，他們對於宇宙、人生和自然，所持有的觀念。這些觀念，也就會影響他們安身立命、處事做人的原則。我從普通民眾的角度來看這些問題，當然與哲學家、思想家、宗教家們自上而下精微細密的討論，有所不同。庶民所持的精神生活觀念，是籠統地繼承了傳統。在繼承到實踐之間，他們會有所揀選，也有所闡釋。庶民所持有的觀念，和學者高頭講章的精微細密，不能同日而語。然而，這些籠統的原則，結合為一個整體。庶民間相互傳授和解釋的文化，卻具體而深入的影響了中國大部分老百姓，影響到他們所理解的自身與自然的關係，自己與他人之間的關係，以及個體與群體的關係。第一章中，我著重闡述了中國人的生活，他們在天地自然這個大時空中的生活節律，及其與我們的文化、文學等各方面的關係。這構成了理解中國人精神生活的宏觀背景。

在第二章裡，我提出中國人的精神生活，是圍繞著作為「人」的觀念來展開的。中國文化傳統這一角度，的確與猶太—基督教系統的西方文化，以「神」為主的態度，取向大相逕庭。從這個角度，我希望讀者也同時看到，第三章的「傳說」部分，與第二章也有相當的關係。中國傳說中的創世紀——盤古開天地，那是宇宙自發自成的過程，並沒有一個超越其上的造物主。盤古本身的肢體化為山川河流，盤古頂開的天和地，就是蒼天和大地。盤古並沒有被創造，盤古也沒有在宇宙出現以後，繼續管理宇宙和支配宇宙。宇宙的創造者和宇宙本身是一體的，中國和西方的這一點歧異，決定了兩個文化系統裡，處世、處人、安身立命的立足點都有所不同：中國是以「人」為主體，猶太—基督教系統則是以「神」為主體。

第二章和第三章，討論到中國人的宇宙觀。這宇宙觀從春秋時代——也就是所謂中國文化的軸心時代，將自然崇拜和祖靈崇拜結合為一，也就是將自然人生合組為一個空間系統，從上有天、地、日、月延伸到人間，然後又深入到人體內部，建構一個四個層次的大網絡。在時間上，將過去和現在，以及人生的生前和死後，建構為一個不斷的流變過程。空間和時間配合為一巨大的系統，其中各個部分，則有多元性的互動；多元的成分之間，既有結構中各個層次的互動，也特別標出若干因素——例如陰陽、五行等等個別的變數，將廣宇長宙看作一個各個部分和各個因素，互動的秩序。

第四章是討論互動秩序中，永遠在變動、由動趨衡的宇宙——本體就是過程，過程也就是本體，二者無法分割。配合著第三章所說，其中許多變數，和這一章討論的變化之中，每個階段形成的衡態都是一時的；變量之間，每一個項目不能過強、也不能過弱。同樣地，變化不斷地進行，每個階段的停格也不能停留太久。於是穩定和僵固之間，變動與活力之間，都有一定的時間限制，沒有永恆存在的形態，也不能無所趨向地永遠變化。第四章和第五章，其陳述的觀念，都直接地反映於我們的日常生活，所以在第四章中，我以飲食、醫藥等等多元配合作為例證。在第五章中，則以八卦、奇門、命相、風水等等，解讀中國人的行為——他們以這些類科學或是擬科學的思考，設法在人與自然之間，取得一些「人」的主動權。

第六章和前面的第一章，都討論到生命本身，其存在和運行的意義。第六章中的重點，是將生命看作許多個體生命，從父母生我開始，直至自己身故之後，延伸進入另外一個世界——那個死亡後的世界，其實還是這個現實世界的延續：這是線性時間軸的意義。而在第一章討論美學的部分，則著重於自然空間中人與自然的關係，二者彼此的契合，互相呼應。農業文化的生產過程，必須與季節同步，也必須與自然環境相匹配。既然人與自然彼此密切相關，於是在傳說方面，宇宙萬物都可以有生命，山神水怪、蛇精狐仙等等都是人的翻版；在吸收天地的精華後，他們都能夠轉化為人身。

第七章和第八章，也是互相關聯的兩個部分。第七章討論的是，今天中國人的社會——以我所熟悉的臺灣社會作為例證，陳述常民藉由祭祀活動，對各種自然的現象的認知。過去有功德於人間的人物，都成為密切相關的崇拜對象。第八章的主題，則是釐清建制性宗教——儒、道、佛這幾個思想系統，以及其中的一些個別教派——它們如何互相影響、互相調節，以及不斷地吸收其他信仰因素。例如，三世的觀念、救贖與啟示的觀念，最後則融入今天中國臺灣和香港社會中，成為中國老百姓實踐的俗世信仰的一部分。

第九章是從戰前中國的傳統社會切入，探討人們如何處理小區、社群中的種種事務，俾使能夠彼此互助、照應，救濟不足，以保持社群的長期穩定。經由中國人共同持有的價值觀，基於中國人的精神生活，能夠使得我們將自己的人生價值，落實到個人與群體之間的密切、和諧的融合這一具體行為之中。

最後一章，則是從傳說和美學，延伸為對於小說的討論。這一章的內容，與本書所謂常民信仰的基本立場，略有不同。小說是由個別作者撰寫的作品；雖然這些作者未必都屬知識階層的菁英，終究還是以他個人的角度看世界、看人生，看人間的百態。他們的觀點和論述，毋寧是屬他們自己專有，並不一定全部是普通民眾所共有。為此，我盡量選擇比較通俗的作品：《水滸傳》、《三國演義》和種種公案小說，以及已經融入戲劇和常識的一些名著。我所選的這些個例，都是已經在中國文化中長久流傳的作品，讀者眾多；其通俗的部分，也可以當作常民文化的共同資產了。雖然這一部分與前面各章的性質略有歧異——亦即其理解中國文化的特色，多少屬著者個人，終究也已是大家共有的成分了。

至於後言，我的想法是：二十一世紀的中國人，深受以西方文化為主軸的現代文明影響，卻又依然置身在西方文化之外。今天，歐美現代文明本身正處於劇變的前夜。他們面臨的問題，例如人與人之間的疏離、人與自然之間的分割……凡此種種危機，如果從其源頭看，西方文明本身很難有解除這些困境的資源。於是，在後言之中，一方面總結本書各章所陳述的現象；同時提出：中國文化以人為主體的特性，以及人與自然密切相關的依附關係，也許可以當作它山之石。將中國常民文化的特色，融入現代文明之中，匡救現代文明的困難。區區管見，能否有用？然而，至少許此宏願：猶如精衛填海、愚公移山，得失不在計較。

前言

尋找中國文化的精神

每天打開報紙，讀到的新聞，很難得不是災害或者悲劇。國在攻擊國，人在傷害人。一神教的信仰，指責其他異教徒為沒有信仰的人；一神信仰之中，伊斯蘭和基督教互相指責，彼此傷害。多民族的國家之內，不同膚色的族群，不同信仰的族群，甚至於不同方言的族群，都彼此排斥。逃避災害者，一船、一船，一車、一車，在逃亡途中死於非命。也有一些逃亡者，是為了逃離飢餓和貧窮，希望能在另外一個地方，獲得求生的機會。可是，在尋找求生之途的邊界上，他們面臨的是封殺、逮捕、驅逐出境。在同一個國內，貧富之間差距正在擴大。在歷史上，貧富者之間，擁有大片土地者與沒有土地者之間，其生活形態還是相差不多。今天，任何國家之內的富豪，和他們中產階級之間，已經過著完全不同的日子；更不用說，同一個國家之內貧窮者，不僅生活朝不保夕，而且永無翻身之日。

近代的世界，經過工業革命這一輪發展，生產力劇增。近年來新科技的發展，又將各種資源的應用發揮到極點。科學的探索，使我們對宇宙、對生命，都有新的理解；新發明的各種藥物，除了不能使人類永保長生不死外，幾乎沒有不能治的疾病。人類的生活，總體而言，比過去任何時期，都更為舒適方便。另一方面，由於衛生條件的改善，和疾病的逐漸減少，人類人口在一個世紀內，從十三億增加到六十五億。

地球上的資源經過開發，雖然增加了不少新的項目，總體言之，我們是在急劇地消費——人類寄命托生的地球，將要無法供給目前人口，更不論人口還在繼續增加。為了生存，人類將要面臨更劇烈的競爭。不僅人與人之間，要爭奪有限的維生資源；族群與族群之間，或許也要經歷壟斷已有生活資源的階段。為了生活的舒適，人類改變了地球的氣候，卻加速了地球整體的改變，以致地球的環境，正在走向衰竭。生物總類，因為人類壟斷維生環境，正在急遽減少，甚至於消滅。「皮之不存，毛將焉附」，將來人類可能發現，他們身處的地球，已經不可能維持自己種屬的生存。

二十一世紀的世界，似乎正在與過去人類的歷史脫節。我們的進步，似乎是搭上了死亡列車，正加速度地奔向毀滅。套用狄更斯在《雙城記》中說的話：「我們是在最美好的時代，我們也在最無望的時代。」在這大環境下，中國人的世界，也正在面臨劇變。中國以人為中心的社會，以人際關係建構的秩序和倫理，本來是以人與人之間競爭作為基本假設情況的西方世界有很大的不同。一百多年前，西方挾其武備和經濟的強大勢力，取得世界的霸權。中國文化籠罩下的東方，以農業生產為基礎和安定為要求的社會理想，已難有生存空間，於是不得不盡力模仿西方。中國文化籠罩的世界中，日本以「脫亞入歐」的口號，學習西方維妙維肖；而且，日本立刻效法西方，也以武裝和經濟勢力掠奪侵略中國。

在現代化的口號下，中國人經過了三次革命，又經過了二十世紀早期的新文化運動，也努力將自己轉變為西方。二十世紀中期，中國經過翻天覆地的大改變，在大陸上建立新的政權。這一次翻天覆地的革命，其嚴峻的程度，竟還不如因為文革造成的文化轉變，更為深刻和劇烈。今天大陸的中國，在經濟和軍事勢力上，已經不可輕視。可是，在社會文化層面，尤其個人行為方面，已經完全不是中國傳統的面貌。為了現實考慮，很多人不顧一切追逐利益。中國人強悍，也許是發展的動力，但也往往會傷害別人而不自覺。人與人之間冷漠，將會使中國社會斷裂崩解。中國人對於環境的毀壞，也往往揠苗助長，竭澤而漁；有一日，中國可能成為一片荒漠。如果人類四分之一的人口成為野蠻人，世界六分之一的土地成為荒漠，中國人何以自處？又將是人類多大的災害？

僻居臺灣的國民政府，雖然號稱要盡力維持中國文化，實際上，臺灣的西方化進行的速度和深度，已經使得臺灣保留的中國文化痕跡愈益稀薄。兩岸分裂，臺灣尋求自主的趨向，以及對於大陸上發生的現象有所恐懼，一般民心已有嚴重反對大陸的取向。心理上的不安定，使得臺灣一般青年人，喪失了追求大方向的胸懷，只尋求今天的安定和舒適。一個不關心未來的地方，將沒有辦法在迅速改變的世界上，求得立足之地。

經過上述幾次內部的政治革命，尤其二十世紀內，中國經歷新文化運動和文化大革命，兩次文化觀念上的轉變，究竟中國人將何去何從？尤其今天的西方，本身也正在面臨急遽的改變：基督教信仰籠罩的近代社會，經歷了近代科學與工業的發展，原來依附在基督教信仰上的資本主義，逐漸脫離了基督信仰的本質，呈現為追求財富和權力的新信仰。資本主義與社會之間的鬥爭，兩敗俱傷。近代社會已經發生急劇變化：個人主義高漲下，人與人之間彼此疏離，互不關心，於是社會近於渙散。

一個世紀來，中國人學習的對象，那個曾經輝煌的西方世界，卻已迷茫不知方向，勢將面臨分崩離析。中國人將何去何從？然而，中國發展的形態和方向，將影響到世界整體的前途。在本書，想從檢討過去和目前，提出一些我們該注意的問題，供大家思考。也許對於我們尋找自己，和重建自己的社會，能盡一些提醒的努力。

這一份心願，已經許下去很久，但是因為限於能力，一直沒有下手。最早啟發我的作品，乃是馮友蘭在抗戰期間撰寫的「貞元六書」：《新理學》、《新事論》、《新世訓》、《新原人》、《新原道》、《新知言》六部。這六部著作，從一九三九年到一九四六年陸續出版。這本書的內容，就是嘗試為中國文化的精神部分檢討診脈，由此提示新的出路。從上述出版年份來看，這是抗戰時期的著作，第一部發表的時間，是抗戰第三年，最後一部發表的時間，則是抗戰勝利後的第一年。這個時代，正是中國由生死存亡之際艱苦掙扎，終於熬到國土重光的階段。在戰爭期間，艱難困苦，存亡未知，可是為了國家民主，更為了中國文化的延續，當時知識分子，可以在警報聲中、防空洞口、大樹底下，弦歌不斷，希望中國的文化種子，不因此而中斷。馮友蘭執教清華大學，他因為家學淵源，研究中國的文化根柢很深；又在美國留學，專治西方哲學，他對於西方的學問也有深入研究。這六部著作，是他努力檢討中國文化淵源，也設想如何使中國文化與世界文化接軌的綜合作品。其中，《新理學》、《新原道》和《新世訓》，都是相當專注地重新闡釋中國哲學傳統，也盡力設法融合儒、道、佛三家思想，既有批判，也有新解；《新事論》和《新原人》，則相當程度地注意到，中國人新時代應有的倫理觀念。

　　馮先生的著作，當時引起極大的反響。哲學家們各以其自己學派的觀念和方法學，對馮先生的綜合理論，有相當的批評；然而，一般的知識分子，都深深感覺，這六部著作承前啟後，繼往開來，對於中國即將復興的局面，有相當重要的啟示作用。

很快，中國內戰，政權轉移，馮先生以形上學的立場所做的研究，與新政權的唯物主義，格格難以兼容。在政治權力壓迫之下，馮先生不得不牽蘿補屋，將唯物主義和唯心主義，作一番揉合。這個努力，其實相當困難；馮先生得到的結果，也很難取信於讀者。於是，本來的「貞元六書」，竟不再被人注意。在海內外，牟宗三、唐君毅等先生，延續熊十力先生提示的線索，希望重建儒學。世人對他們的注意，現在已經超過對於「貞元六書」的討論。

其實，凡此課題，正是我們現代人都應該注視審思的問題。目前我的這本小書，也是嘗試在這個方向尋找途徑。只是，馮先生的著作是哲學的研究，其中有不少的部分，是非常精微的討論：區分中國傳統哲學中，不同學派之間的差異，包括理學、心學的差別，也包括儒家、道家之間的差別以及彼此的影響。在學理上的研討，作為哲學著作是必要的；然而，對於一般讀者而言，卻不容易吸收，更不容易轉化為自己思想的指標。對於哲學我乃是門外漢，沒有參加辯論的資格。此處提到馮著，應是回憶抗戰時期的兵荒馬亂之下，還能產生此等著作，正是反映中國人百年困惑，以至於危亡之際，還將這一學術課題作如此認真的思考。

同時，馮先生所處的時代，與今天的時代已經不同。以現代科學發展的情形而論，馮先生對科學的理解，大致還是在牛頓力學的宇宙論下面；今天的科學思維的背景，則是相對論和量子力學的宇宙論。其實，相較於十九、二十世紀的絕對理論，今天的科學思想和中國傳統思想之間，似乎更有可以互相接軌的可能。最近半世紀來，經濟全球化引發的文化全球化，也帶來了新的局面。與二十世紀時代的國家主義相比，今天的全球化，浸浸然要以更廣闊的全球化觀念，代替爾疆我界的國族主義。當時，馮先生懷抱強烈的文化民族主義，在國家危亡之際，有如此情操也是自然的反應。甚至於，他在後來屈從於政權的壓力，也是由於「國」「家」「民」「族」這四個大字——在須彌山的巨大壓力下，他難得再有別的選擇。對於他這一代中國讀書人的不幸遭遇，我們只有悲憫。「千古艱難惟一死，傷心豈獨息夫人」，言念及此，能不垂淚？

當今這些新的局面，代表了完全不同的未來展望，以至於「貞元六書」所陳述的大方向，以及提示的新人類精神，與當下都不太能夠相符了。我以後生小子，居然在「貞元六書」之後，還能寫這本小書，哪敢挑戰馮先生的經緯大作？區區盼望，在新的世界文化將要逼人而來的時刻，更作一番檢討。我自己接受的專業訓練，不在哲學範疇；多少年來慢慢地累積，我的研習方向，都在社會學、人類學和考古學方面。這些學科，是在人類的具體生活、日常經驗方面，而不是在形而上的思考。十五歲時，馮先生的「六書」對於我的認知，有深刻的影響。七十年來，閱讀這「六書」的感受，還是時常讓我感慨不已。然而，我必須要從自己的專業方向——不從哲學思辨，而從考察普通人所思所想——摸索另一途徑，重新檢討中國文化中，庶民百姓的精神層面。

現代的社會學能在中國生根，吳文藻先生的引導，功不可沒。他有三位大弟子，在中國社會學的研究方面，各自分別有重要的著作。費孝通先生以「差序格局」這一概念，陳述中國的人際關係——每個人都有一個自己的同心圓網絡，從自己開始，擴散為各種不同的人際關係。與「差序格局」這個概念有密切關係者，則是費先生在《江村經濟》一書中，提出的市場與農業生產間的互應。許烺光先生對於家庭世系和世代傳承的研究，提出了中國以人為中心，而不以神為中心的時間延續線。楊慶堃先生對於民間信仰的研究，更是著重在人與神之間的關係：他認為這種關係乃是以人為本，而且神界的秩序就是人間秩序的映照。他對於集鎮到城市間的延續的研究，則是討論中國人生活中社會空間的重要著作。後來，美國的學者Skinner在此基礎上將其發揚光大，成為一時顯學。楊先生對於神和經濟的研究，毋寧與上述費、許二位先生的研究，有相當程度的疊合和呼應；這也說明，吳氏門下師兄弟間，在觀念和方法學上有互通之處。

我在上古史方面的學習，甚多借重於考古學的研究成果。在這個領域上，生產方式、生產能力與人的精神生活之間的關係，是考古學的重要項目。從漫長的古代，考古學方面提供的線索，揭露了人類如何締造一些「神間世界」的面貌。這一個過程，乃是宗教信徒甚至於哲學家們，較不注意之處。人創造神？還是神創造人？大概真只有在考古學上，才可以找到一些答案。這一部分，也是本書追尋人類精神生活時，與哲學家著眼點很大差別之處。

在本書後面，有相當的成分，我會借重社會學家與考古學家的觀察和理論，開展我自己的想法。因此，在這本書中，我的著眼點與馮先生的形上學理論有相當的不同。這個「人間的精神」，將是本書的重要立足之處。而且，我注重的「人間」兩個字，乃是意指最普通的百姓，他們不一定注意到古代學者的理論，卻是躲不開從這些理論上建構的一套社會秩序和人倫格局。因此，我在討論的過程中，有一部分回溯到中國傳統文化，那一部分可能不是引經據典地討論原典，而是擷取傳統各家思想的綜合成果，以其影響人間生活者，為主要的著眼點。

至於討論到今天生活的文化環境，既然今天的中國，已經不能脫離現代西方文明籠罩的世界——海峽兩岸的中國，以及新加坡等處代表的海外華人思想，都是孕育於現代文明的環境下。上面已經提到，現代文明重要的一環，乃是現代科學呈現的宇宙觀；另一重要的環節，則是工業革命後轉化的資本主義經濟，以及與它相拮抗的社會主義。這一個範疇內，在近代的變化也極為巨大。經濟生活與社會生活有密切關係，城市化是一個世界各處，普遍呈現的發展方向。過去建立在農牧生產的經濟，有相應的精神生活。今天既然已經有如此巨大的改變，我們規畫現在和未來的精神生活時，這一巨大的轉變，也必須在考慮之內。

這個前言，乃是交代本書各節，從何著眼？以及如何建構？一些此處已經提到的條件和背景，在下文就不再重複，這是必須在前言中交代的。本書將要探索的項目，包括中國傳統文化中，對於宇宙的觀念：宇宙本身內部的秩序、宇宙與人間的關係和宇宙在動靜之間，如何趨衡？人類的精神生活，往往會有神聖（Sacred）與世俗（Profane）的兩分，然而分野之際，究竟是對立？還是互相感應？神聖的範圍之中，哪些觀念會以「擬人」的方式，表現為神祇？對於神祇的盼望，世俗何以待之？這也是祭祀儀式所表現的實踐。個人短暫生命和宇宙的無窮無限，如何有個相對的安置？

也就是生死之間，究竟是斷裂？還是連續？神聖的超越價值，又如何在世俗之中，表現為人與人之間的行為模式？宇宙內自然的部分——山川、草木、禽獸，對於他們，人類又如何待之？在人間，個人彼此之間，如何相待？從個人擴散到群體，其中各個階層是連續？還是因為斷裂而對抗？人生有幸、有不幸，因此也有快意和失落，個人在此關頭又如何自處？以上這些項目，將在本書中，將日常生活（包括飲食、起居、醫藥、詩歌、藝術、文學等等）與「集體記憶」——例如傳說，都當作庶民生活的史料，分別處理。至於章節的安排，可以從解題及目錄中瞻見，此處就不多說了。

總結言之，我希望在本書從中國文化在天、人、群、己、理想與現實間的各個角度，呈現這個長久傳承文化的特色。我以為，張載的〈西銘〉，其陳述的文化整體性，頗能借來表達，我個人的理解：「乾稱父，坤稱母；予茲藐焉，乃混然中處。故天地之塞，吾其體；天地之帥，吾其性。民，吾同胞；物，吾與也。大君者，吾父母宗子；其大臣，宗子之家相也。尊高年，所以長其長；慈孤弱，所以幼其幼；聖，其合德；賢，其秀也。凡天下疲癃、殘疾、惸獨、鰥寡，皆吾兄弟之顛連而無告者也。」

文天祥的〈正氣歌〉，其開頭的句子：「天地有正氣，雜然賦流形。下則為河嶽，上則為日星。於人曰浩然，沛乎塞蒼冥。皇路當清夷，含和吐明庭。時窮節乃見，一一垂丹青……是氣所磅礡，凜烈萬古存。當其貫日月，生死安足論。地維賴以立，天柱賴以尊。三綱實系命，道義為之根。」也很簡單有力的，傳達了中國文化以宇宙的存在，作為一切變化的本源。人在宇宙不斷趨衡的大格局中，正因為人本身有理性、有良知，可以以自己的「心」，映照、呈現宇宙本身的「正氣」，也就是其存在的稟賦。如果從張、文二位的陳述，我們可以理解，以儒家文化配合上佛、道二教在中國土地上的發展和演化來考察，始終是以「人」作為理解宇宙、闡釋宇宙的本體。

這篇前言，與一般的序文不同，其目的是表達一己的意見，我盼望對於閱讀本書的讀者們有所幫助，能夠了解愚者之一得。私心默禱，我所陳述的中國文化，還能繼長增高，有益於全球化的未來，人類共同建構一個沒有偏見和衝突的世界文明。如果這個願望能夠實現，則本書不是招魂，而是迎接新文化的前驅喝道。

第一章

時空中的生活美學

中國文化，是以農業生產和農村聚落為基礎的文明系統。自從新石器時代開始，中國就發展出了定居的耕種農業。戰國以後，逐漸發展出精耕細作的小農制度。如同本書前言所說，中國的社會是建立在差序格局的基礎之上——人跟人之間，有一定的義務和權利關係。同樣，因為農業生產的緣故，人與自然的關係也非常密切，迴異於採集和游牧的文化。後者所處的自然空間是移動的，不像定居的村落，與其四周的環境會保持持久而密切的相關。在這種情況下，人與自然之間也有一定的互動，人與周圍的自然是密不可分的。因此，本章將以人與自然之間的關係作為主題來展開討論。

中國人制定的曆法，與季節變化的週期有著驚人的一致性，這是農業文化必有的現象。中國古代記載中，有「月令」一項。目前我們可見者，據說古代遺留下來的《夏小正》和《禮記》之中的「月令」，這兩段記載，大概還能反映戰國到漢初的情況。漢代又有《四民月令》一書傳世，記載了東漢農業形成的程序記事。這些材料，一般而言都包括每個月的天象：某個星座在這個時候，位置於天中；也包括氣象，例如寒冷、結冰、多雨、溫暖等等；以及物候：什麼作物開始成長了，什麼植物成熟了，甚至也包括燕子來了、鴻雁去了、水獺抓魚了、豺狼捕食了等等。這些數據，對於氣象學家而言，正是可以據此推測古代氣候的原材料，頗能反映中國北方在漢代前後，大概是什麼樣的生產條件。

中國古代的曆法中，有每個月天象和物候的安排，《禮記》「月令」就是這種農民曆。下面舉兩個月的原文，作為例證：

孟春之月，日在營室，昏參中，旦尾中。東風解凍，蟄蟲始振，魚上冰，獺祭魚，鴻雁來。……是月也，天氣下降，地氣上騰，天地和同，草木萌動。王命布農事，命田舍東郊，皆修封疆，審端經術。善相丘陵阪險原隰土地所宜，五穀所殖，以教道民，必躬親之。田事既飭，先定準直，農乃不惑。

仲春之月，日在奎，昏弧中，旦建星。……始雨水，桃始華，倉庚鳴，鷹化為鳩。

除了「月令」以外，《詩經．豳風》的「七月」，以一個春秋時代莊園女工的生活為例，描述當時農莊上的季節和活動。下面擷取三個月的敘述為例：

七月流火，八月萑葦。蠶月條桑，取彼斧斨。以伐遠揚，猗彼女桑。七月鳴鵙，八月載績。載玄載黃，我朱孔陽，為公子裳。

> 四月秀葽，五月鳴蜩。八月其穫，十月隕蘀。一之日於貉，取彼狐狸，為公子裘。二之日其同，載纘武功。言私其豵，獻豜於公。
>
> 五月斯螽動股，六月莎雞振羽。七月在野，八月在宇，九月在戶，十月蟋蟀入我床下。穹窒熏鼠，塞向墐戶。嗟我婦子，曰為改歲，入此室處。

這三段敘述，其中有兩種曆法的混合：七月、四月等等，都是太陰月的次序；而「一之日」、「二之日」則是從十月歲首開始，安排一年之中月份的次序。

這一段詩文雖然是文學作品，按照季節的次序，各章的排列錯落有致，但也足夠反映，當時的人對於天下氣候、物候的關係的理解。詩文中也提到莊園中的生活和相應的儀式與典禮，讓我們可以理解一年四季的時序流轉，與人事之間的密切關係。

中國曆法，是陰陽合曆，年度是太陽年，歲實一年365.2425日太陰年，一月朔策一月29.530593日。十二個月份加起來，比太陽年短些。於是，陰陽合曆，兼顧了一年季節的安排，又以滿月時候當作「月半」，以月光還沒出現，當作每個月的第一日，當月光完全不見，當作這個月的最後一日。

中國曆法中的「二十四節氣」，就是按照太陽年的長度，分成十二個節和十二個氣。這種農民曆的安排，至今還在使用，其次序如下：立春、雨水、驚蟄、春分、清明、穀雨；立夏、小滿、芒種、夏至、小暑、大暑；立秋、處暑、白露、秋分、寒露、霜降；冬至、小雪、大雪、冬至、小寒、大寒。

二十四節氣的安排，包括四項原則：

季節變化：立春、春分；立夏、夏至；立秋、秋分；立冬、冬至

氣溫變化：小暑、大暑、處暑、小寒、大寒

降水量：雨水、穀雨、白露、寒露、霜降、小雪、大雪

物候現象或農活：驚蟄、清明、小滿、芒種

其中包括季節、時序、農耕的物候和氣候的變化。這些記載足以顯示，中國人將大自然的時序，看作生活中很重要的一環。而今日的城市生活，則遠離了農耕，房屋密集，甚至還有空調設備——自然的環境、氣候的變化、動植物的活動週期，都不在我們生活之中。於是，人對於大自然，不再有與自身息息相關的關懷和觀察。

回憶過去，農村生活是居住在田野之中，日出而作、日落而息，清晨到傍晚的種種自然變化，規律著我們的生活。一年四季的變化，影響著我們農耕的條件，也影響整個小區的經濟。人的生存離不開四周的環境：黎明時刻，雞鳴狗吠催促大家起床；

工作時，也正是趕上林鳥齊飛——尤其中國北方，遍地都是烏鴉，我還記得成千成萬的烏鴉，從林間齊鳴的噪音。農田四周，各種禽獸和昆蟲都在觸手可及的距離。冬季太暖時人雖然舒服，大家反而會擔心，因為明春的作物，可能就會遭遇蟲害。假若夏、秋太乾燥，人們就能預測：今年的收成就會不足。一天工作結束，農夫回家，沿路都會和夥伴彼此交換對於自然的觀察：烏鴉太多，是不是蜜蜂就少了？對我們的豆類和瓜類的收成，有多大的影響？最近牛在喘氣，是不是天氣太熱？牛的耕作時間，是否改在黃昏以後，補作中午休息的工作？農村裡面的長者，已經從工作中退休，可是他們還是經常交換意見，從經驗中推測，下一步的氣候以及對於農業的影響。所謂「共話桑麻」，是農村日常生活之中，不可缺少的經驗。

在傳統的中國社會，即使城居的生活，平房四周也會有一些園圃，用來種植常見的植物，甚至於中庭石板上，一般人家也會留下一些空地，種植花樹、藤蘿。到今天，北京的四合院往往還遺留著中庭的葡萄架，以及花缸、梅樹、芭蕉等等。我家在無錫的三進老宅旁邊，有一個可以種植八百棵桑樹的大桑園，族內各房都可以在桑園之中，自闢一塊菜圃，種植瓜、豆、菜、蔬。我們家的天井之中，四角都種有觀賞植物；客廳和書房的窗外，一邊是一棵數百年的桂花樹，花開時，金紅蓋過屋頂，香滿四鄰；另一邊是一棵老梅樹，在有限空間之中曲屈伸展，夭矯如龍。一些廂房窗外的小小天井，只能透光，然而，在這密封的天井牆上，幾乎處處攀附著老藤，曲折委婉，宛然一幅圖畫。有些人家，即便沒有很多的園林空間，至少也會在案頭供奉假山和盆栽，將大自然縮成微型置於眼前。春天，燕子來了；夏末，燕子去了：《紅樓夢》中，林黛玉關心的大紫燕，在傳統的城居中，幾乎家家簷下都可見到。李清照所謂的「綠肥紅瘦」，也是家常可見——就是庭前的海棠、芭蕉、牡丹、竹叢等等。

傳統中國是農業國家，通常百分之八十多的人口，是在農村中生活。他們綜合了太陽、太陰這兩個週期，來安排自己的生活生產。除了月份和節氣以外，他們還必須考慮不同作物生長的季節，以及自己完租納稅的時節——納完了租稅，餘下的農作收穫，才是一般農業農民家庭的生活資源。於是，有幾個重要的節日，為了應付這些需要，而成為一年中的幾個大關口：春季之後的第一個收穫時節，就是五月五日的「端午」，在華中以南，這是收穫第一次農作物的時間，主要是蔬菜瓜果；在北方，則是冬天下種的麥子，到這時候要收穫了。

第二個關口，則是八月十五月圓之時，在全國各地正處秋收之際。而且，因為空氣乾燥，沒有水氣的蒙蔽，秋天的月色特別明亮。在收穫的時節，一家人經歷了漫長的勞作以後，在一個涼爽的月夜，可以愉快地團聚，這就是中秋節。這一個時期，對於城鎮中的商家而言也很重要，有的要準備接下來收購農產品的資本，也有的商家正在結算上半年的營收。

第三個關口，是農曆的十二月，在古代稱之為「臘」。古代的幾個國家或皇朝，各有自己的「臘」，漢代的「臘」在十月，後世則大致定於十二月。臘是古代一年的開始，因為到了這個時候，以政府立場而言，下一年度的收入，大概可以相當準確地估算出來；在這個時候，也可以編制下一年度的預算，結算這一整年的收穫。這相當於今天會計年度的起頭，前文所謂「一之日」、「二之日」，其「一」、「二」次序，就是會計年度的第一個月和第二個月。官方作如此的預算，商業行為也同樣在十二月份準備結今年的總帳，然後規畫明年的營運策略。

「冬至」是太陽離北回歸線最遠的日子，以太陽年而論，這是晝日最短的一日，也就是太陽走到最靠南回歸線的時候。農作物基本上都已經收穫了，田地也已清理乾淨了，該賣的賣，該買的買，再過一個多月，就是新年。所以，「冬至」既是收穫的時節，也是一年忙碌過後，可以喘氣的時候。再下面，就是陰陽合曆年度第一個月的第一天，就是所謂「新年」或是「新正」。在中國領土之內，除了南邊沿海各省，沒有明顯的季節差別，大部分的地區，新年正是田野休息、農夫們也休息的唯一時期。

根據這些陰陽合曆的年節週期，中國人安排一年周而復始的生活。相對於今日工業生產的社會來說，傳統的農業國家對自然環境的依存度要高得多。一年週期變化決定了他們的生活，每一個關口到另一個關口之間，以中國農夫來說，乃是他們必須密切感受的時序。在我記憶之中，端午、中秋、新年，都是一家團聚的日子。在外面工作的孩子回家了，在田地裡工作的家人，有機會品嘗自己辛苦耕耘的成果。對中國人和一些使用同樣年曆的東亞社會來說，這些節日的意義，遠勝於今天世界各處的聖誕節和新年。我還記得，甫能握筆的時候，每個識字的兒童，在冬至那天都會被分配一張「九九消寒帖」，描紅的空白字：「庭、前、垂、柳、珍、重、待、春、風」。從冬至第二天早上開始，每天在空格上，按照筆序，墨填一個筆畫的空格——八十一天後，已是柳條垂絲，春天來了。對於傳統中國的兒童，這就是一種注意時間的教育。中國人對於時間的敏感，也就是在這種環境之中培養出來的習慣。

中國人對季節的變化很敏感，與對於那個季節之中，花草樹木的變化以及鳥獸的遷移行為，也一樣的格外注意。於是，中國人對於大自然的感受，也成為生活之中不可分割的一部分。除了前面所說季節性的節日以外，在文學和藝術領域，對自然界的感受與反應，也幾乎成為不可分割的因素。下面我舉司空圖的《二十四詩品》數段，作為例證。

3．纖穠
采采流水，蓬蓬遠春。窈窕深谷，時見美人。碧桃滿樹，風日水濱。
柳陰路曲，流鶯比鄰。乘之愈往，識之愈真。如將不盡，與古為新。

4．沉著
綠杉野屋，落日氣清。脫巾獨步，時聞鳥聲。鴻雁不來，之子遠行。
所思不遠，若為平生。海風碧雲，夜渚月明。如有佳語，大河前橫。

16．清奇
娟娟群松，下有漪流。晴雪滿竹，隔溪漁舟。可人如玉，步屧尋幽。
載瞻載止，空碧悠悠，神出古異，淡不可收。如月之曙，如氣之秋。

19．悲慨
大風卷水，林木為摧。適苦欲死，招憩不來。百歲如流，富貴冷灰。
大道日喪，若為雄才。壯士拂劍，浩然彌哀。蕭蕭落葉，漏雨蒼苔。

司空圖是唐代的詩人，他將詩的風味和情景，歸納為二十四個類型的特色，他並不用散文的敘述和解釋，而是以韻文描述一種特定的情景；以這個情景，代表那一類文學作品的風格。這一種文學批評的方式，在其他文明的文學之中，也未嘗沒有。例如，聖經中的雅歌和詩篇，有若干節也是相當類似的敘述方式。不過，在中國文學之中，詩詞的韻文體，幾乎都可以用自然環境裡的情況和變化，呈現作者本身想要傳達的意境和感受。蘇東坡評論王維的作品的名言，「味摩詰之詩，詩中有畫；觀摩詰之畫，畫中有詩」（《東坡題跋》下卷〈書摩詰藍田煙雨圖〉），即是十分扼要的陳述了詩畫之間的相依相扶。

從上面的敘述可見，中國人對於自然與自身的關係，是內外全盤的融合，內心的情緒和外在可見的環境變化密不可分。在時間和空間兩個方向，也不是絕對的切割——時間的變化，隨自然空間內事物的變化而顯現；於是，時間、空間與人的個體生命，三者結合為息息相關的整體。在這個角度，我想舉兩位最偉大詩人的著作，說明詩人觀察的自然界，如何深切地反映廣宇長宙，以及其間的種種意義。

王維有一對詩聯：「大漠孤煙直，長河落日圓。」前面五個字，是一橫一直，後面五字是地平在線一個大圓圈；大漠的形象是一片廣漠的空間，長河的形象，是無窮無止的時間上的流動。同時，草原上煙火直上雲霄，必定是沒有風、而且乾燥的季節，已經隱含了一種季節性的描述；落日是黃昏時候，在流動不拘的時間上，有一個具體的太陽起落的景象。這十個字的內涵，精簡而有力。

李白的〈憶秦娥〉：「西風殘照，漢家陵闕。」只有八個字，可是卻具備了廣闊的時間空間：「殘照」是一天的時序，「西風」是季節的轉換，「漢家」是朝代的興亡，「陵闕」是生死的差異。寥寥八個字，隱括了不同時段的變化：從一日到生死的關口，既是循環，又是不能回頭。李白是詩仙，王維的文才也不弱，在他們的著作中，都有如此精簡，但內涵深厚的感情。他們作品表現了時序和空間兩者之間的密切關係，又構成了時空下的一個圖像，還道盡了無可奈何的感慨。

中國的詩詞歌賦，是藏品極為豐富的文學寶庫。而且因為中國的語文，是由單字單詞連綴而成，文學家以自己的立場，將個別單字連綴為一個整體的現象；作者與讀者之間，都有寬闊的想像空間，以闡述他們對四周時空的理解。這方面能舉的例子太多了，此處以南宋詩人楊萬里的作品，舉例陳述這些淺見。

先父留下的家藏文物之中，有一幅沈尹默書寫的楊萬里十一首七絕長卷。現在在我的起居室內，供奉著幾件書法家的墨寶，我有幸朝夕讚歎書法，也欣賞這些詩詞作品。這十一首中，〈過招賢灘〉這首可以說明他對環境的直接感受：「六月飛雪人不信，招賢灘前看潮頭」；又如「青山自負無塵色，終日殷勤照碧溪」，這兩聯都是直接觀察，但又以自然呈現當時風景的特色。又如〈宿小沙溪〉：「樹捧山煙補缺雲，風揉花雨作香塵。綠楊盡道無情著，何苦垂條拂路人。青山知我厭泥行，卷盡癡雲放懶晴。不分竹梢含宿雨，時將殘點滴寒聲。」這兩個例子，又是代表楊萬里擬人格的詩風，將本來無情自然，轉化成有情的另一種自然。詩人既是自然的代言人，也將自己的情感，投射在選擇的空間、時間之中，竟是強作解人。

前面提過，蘇東坡所說「詩中有畫，畫中有詩」，也可解為景由心起，觸景生情。這位曠世奇才的〈赤壁賦〉和〈念奴嬌・赤壁懷古〉，一賦一詞，正是身在赤壁之下的長江，明月徘徊，江聲嗚咽。面對此情此景，詩人不僅想起在這裡曾經有過的一場大戰，進而聯想到歷史上的興衰盛亡，當時英雄人物的勝負成敗，都已逐波而去。於是，他自己生命的坎坷，也與萬古流動的江水，凝結為人間如夢的感慨。最後，「一尊還酹江月」——也許是無奈，也許是瀟灑，這位智者並沒有怨恨命運。他超越變化，了解「變化」即是不變的永恆：「將自其變者而觀之，則天地曾不能以一瞬；自其不變者而觀之，則物與我皆無盡也。」這一認識，正是中國文化的精髓。

這種著作，乃是人與自然之間彼此啟發，內外融合的產物。王國維的《人間詞話》提到隔與不隔的差別，也就是意指觸景生情，情景之間應當是融合無間的。前述司空圖的詩品，「悲慨」一項，正與蘇東坡的感觸可以互相比照，二者都呈現出一種蒼涼的境界。

既然提到「詩中有畫」，我們也不妨將上述討論詩詞的美學觀點，引申於繪畫。中國的山水畫，唐宋最盛。尤其是宋代的山水，到了中國繪畫史上極高的境界。郭熙的山水畫理論，提出「平遠、高遠、深遠」三個原則：一幅好的圖畫，應當呈現這三個向度的氣韻。他的「早春」，中峰突起，在幾乎畫面的正中央，有一條軸線，從渚岸引向瀑布，再轉到岩石上的一條裂縫，然後又接上將近山頂上的皴痕，正好將讀畫者的眼光，從山底引向峰頂；山邊的兩脈春水，左右擴散，就是平原；然而，山腰附近，有兩條步徑，一明一隱，引向後方，帶領讀畫者也轉到山後，欣賞這一座春山的景色。

這種藝術形式，並不符合一般繪畫的透視原則。畫家毋寧是將讀畫者，直接帶入畫中，在風景的上下周圍前後各處瀏覽。欣賞這種畫作時，視野是移動的，沒有一定的定點，而是隨心所之，隨足所至，進入圖畫。

更具體的例子，則是黃公望的〈富春山居圖〉。這是一個長卷，這幅名畫曾經被割裂成兩截，一段存在浙江省博物館，一段存在臺北的故宮。前幾年，這兩個斷片終於千里合璧，拼合成完整的圖卷。這個長卷，由右至左，順著富春江的江流，將這一段山水完整地呈現於觀畫者眼前。讀畫者必須是假想自己身在扁舟，一路觀賞山光水色，讀畫者在畫中移動，並不定著於一點。

另一個例子，是張擇端的〈清明上河圖〉（五代董源畫作）。這幅畫將宋代首都汴梁的風景，描繪的栩栩如生：從郊外水田、柳樹開始，一路隨著汴水進入城市，最後終結於皇室宮殿的金明池；汴水之上有一條大橋，河中有大小不同的船隻，沿岸街市有許多活動，街後還有一層層的街坊，排列著商店和住家，畫中有不少於八百人在活動。這一幅畫，從前排汴水船隻上的人物，以至於到幾層街坊以後，門牆之內、廳堂前的人物，以及店鋪中工作的人物，並無顯著的大小之分；而觀畫者似乎人在半空，才能超越街市門牆，看到門後面的廳堂，以及室內的布置與活動。這種畫，如以透視法來討論，完全不合理，因為沒有一個地點，可以一眼看盡十餘里長、八百餘人的活動，而且其中竟沒有大小前後的比例可言。只有人在畫中，隨畫走動——也就是在八百多人之中，加一個「我」，才能品味出畫家表達的帝都繁華。

中國各種舊小說的版刻插畫，或有活動的仕女畫（例如〈韓熙載夜宴圖〉）中，也可以看到同樣「人在畫中」的原則。在那些畫裡面，門後、庭前、和廳堂上的活動，都必須是讀畫者自己站在旁邊，才可以理解其各種關係。圖中的一張方桌，如果按照透視法來畫，應當是前大後小，但是在這種繪畫內的方桌，卻是前小後大。其實，畫家是在邀請讀畫者自己進入圖畫；後景會比前景稍大，乃是顛倒了透視的原理，以補償空間的差距。

總結言之，在這一章內，我希望讀者能夠理解，中國文化中，人與時間、空間的關係，是三者合一的。人隨著時間流動，人也在空間之中融為一體。人與自然彼此息息相關，不可分割。如此的美學原則之下，中國文化中才會出現道家的思想——人是自然中的一部分，人不能離開自然，人也不能自我異化於自然之外。

第二章

天地人神的世界

今日世界的現代文明，承襲了猶太—基督教的傳統，總是將人的起源，歸結於上帝造亞當、夏娃的故事。而且緊接著，就是人犯了違背上帝意願的原罪，人的贖罪，只有通過堅定地信仰上帝一途。其實，世界上各處的民族，都有各自的神話系統，人的出現，也因此有不同的傳說。這一章，將從中國古代傳說中人的起源說起，以解釋中國文化傳統中，人的地位的獨特性，其取徑與上述西方上帝造人完全不同。

中國疆域廣闊，各地造人的傳說也並不完全一致。不過，至少在戰國時代，盤古開天與女媧造人，已經是大家都接受的一個說法。這一個盤古、女媧傳說，應當是起源於華中長江流域，蠻苗系統的古代民族。可是，在戰國時代，屈原的作品〈天問〉，就以這個傳說作為開天闢地和人類起源的說法。

在沒有開天地以前，宇宙是一團混沌；混沌的形狀，就如一個巨大的圓卵。圓卵忽然裂開，其中坐了一個盤古，他舉手將清輕的空氣往上推，成為天空，將重濁的資料往下壓，就成了地面。盤古的骨骼成為山嶺，血脈成為河流，毛髮成為草木——世界出現了。因此，這是一個從「無」到「有」的過程。老莊所說的「無為有之母」，以及「混沌」是最原始的形態，頗與這個說法互相符合。從無生有的自然演生觀，確實是中國文化的特色。它與中東出現的另一重要文化系統，以及其後代猶太—基督教的宇宙觀，有極大的差異處。

如此解釋宇宙的起源，似乎比先有一個無處著落的上帝，更具有哲學意味。否則，大家還是會問：上帝又從哪裡來？今天的天體物理學，討論到宇宙的起源，其基本的假設是：宇宙從一個點開始，然後爆炸為宇宙。我們一樣會問，那個點在何處？在數學意義上，點不占空間，因此等於零——然而，這零又怎麼可以爆炸？

在中國的創世神話中，盤古之後，女媧出現了，女媧也就是女性的意思。在道教的神道系統中，女媧就相當於斗姆，在今日的民間宗教中，「先天老母」應當就是女性的原始。這一觀點，也和老子所說「元牝」的觀念相當。女媧用黃泥和水，捏成人形並給予其生命，就成為人類。

女媧這個角色，不僅是人類的創造者，也是宇宙的整頓者。在水神共工發怒，撞倒了天柱不周山後，女媧燒煉地上的彩石，補上天的缺口。大水氾濫時，女媧又用煉灰，堵上了氾濫各處的洪水。從這個方面看，女媧的力量是地的一面，和天對立而相輔的。女媧雖然有如此的神力，然而，女媧並不是統治宇宙的神祇——他不是上帝，他只是代表一個力量，母性和大地的力量。與他相對的，應當是上天和男性的力量。戰國和漢代的刻石圖像中，常見伏羲與女媧。兩者都是人面蛇形，二尾交纏，象徵著交配。他們二人手中，一個手持圓規，一個手持矩尺，可能就是天圓地方的象徵。綜合上面所說，女媧造人和補天，只是象徵著母性的原創力。這一個傳說的意味，毋寧指出「人」本身是自然出現的，並不是屈服於上帝的子民，更不需背負上帝與人的契約。

我們也可以有另一可能的闡述：女媧的補天大功——東南邊的天，被共工撞塌了，女媧煉石補天，再加上煉灰堵住氾濫的洪水——這兩大功業，都隱喻著新石器時代燒窯製陶，和製作精美石器的背景。伏羲是牧養牛群的游牧階段，伏羲與女媧的並列，也未嘗不能看作是游牧與農業的結合，象徵新石器時代生產方式轉換的背景。上述這兩種形象拼合在一起，也都是陳述人類演化的不同階段，和陰陽交配的觀念。這些傳說，在一般庶民百姓的精神生活方面，可能影響並不會很大。

關於中國古代的信仰，我們在另一章會更詳細討論。目前我想介紹的是，宇宙的神力和人的關係。在新石器時代，中國沿著太平洋岸，從遼寧的紅山文化一直到浙江的良渚文化，都有高天的信仰，而且是以太陽作為象徵。太陽高高在上，成為中國「昊天」的起源。紅山文化的高山上，有女神廟，還有酋長或是祭司的墳墓和祭壇。祭壇、墳墓四周，都有中空、無底的陶罐，圍繞基地。這一安置，毋寧是象徵天地之間的溝通，而以神聖的地址，作為相通的管道。墓主是一個尊嚴的人物，還有法器陪葬，他也許就是大祭司或者酋長，負責天地之間的交通。

在良渚發掘出一個琮形的玉器，就是一個外方內圓的玉管。有人說，琮形的上面是一個圓蓋，琮形的下面是一個方底，這也是象徵著天和地之間的溝通管道。還有一件琮上，刻著一個飛行的神像。也許他就是天神？或是神的使者？還是人間負責與天地溝通的巫師？我們不知道。在另外一些琮器的邊上，往往刻著一隻飛鳥——在許多地方的傳說裡，飛鳥常常是天神的使者，這些良渚的鳥形，是不是也是天和地之間溝通的使者？在渤海灣四周的太昊和少昊文化的傳統，他們在古代的首領們，太昊系統是以雲為號，少昊是以鳥為官——這種安排，也正是象徵著天和地之間，經由人這個層面，會有一定的溝通機制。

有一件漢代的楚地絹畫，雖然時代很晚了，卻可能繼承了古代的傳說。這件馬王堆的絹畫，分成三個層次：最上一層是天，最下一層是地下的水，中間則又分成人間和死亡的境界。畫裡面有一棵大樹，植根在底下層，枝葉卻是在最上一層；枝葉上面有十隻鳥，可能就是當年的太陽鳥。在四川，三星堆遺址出土一件青銅的樹，樹幹上也棲息著許多鳥。這一棵神樹，可能就是和馬王堆絹畫上的樹一樣的天地之樹。這是聯繫天和地之間的管道，人卻正在管道的中間，上通天，下達地。宗教史家Mercia Eliad指出：世界上許多地方，都有這種通天樹的觀念，只是到後來樹可能演化成高塔，例如聖經中的巴別塔。似乎中國的古代觀念，也並不獨特。只是，在人神之間的觀念上，中國古代認為，「人」卻是溝通天地的中介。

人的身體，在中文裡的解釋是：圓顱方足，象徵著天圓地方——人本身儼然是一個宇宙。戰國時代，陰陽家與五行家兩個自然哲學學派，各自陳述他們的宇宙生成論。陰陽家認為，宇宙之間有陰和陽兩股力量，二者交纏互動，成為宇宙運行的動力。宇宙之間所有的事物，都有陰的面和陽的面。兩者並不只是對立，也能互補。五行家則將宇宙的構成，歸納成金木水火土五個因素，或是五個成分。五者相配生成萬物，每一件事物，都有其特定的五行成分，不能過多，也不能過少。陰陽五行家結合在一起，成為秦漢以後，中國自然哲學形而上理論的基礎。

陰陽之間的關係，當然是認識到兩性交合，創造新的生命這一過程，才將生命力歸納成為陰和陽兩個因素。這兩個因素不能獨立運作，孤陰不生，獨陽不長。因此，女媧和伏羲必須同時存在。陰陽之間，應當調和而不是對抗，在兩個因素之中，永遠是尋找平衡，任何一面的過強或過弱，都會造成整體的不平衡，而導致災難。

五行的觀念，很類似兩河——希臘地區和印度的四元素觀念。在兩河的四因素中，所謂「土、水、風、火」，每一項都是相對的：「土」有乾沙漠和肥沃的土地之分，「水」有甜水和苦水之分，「風」有焚風與和風之分，「火」有焚風帶來的大火，和日常生活必須依賴的火之分。這些二元的觀念，卻並不是互補，而是彼此衝突。在中國文化的五行之內，又有相生與相剋的觀念：金生水、水生木、木生火、火生土、土生金，這是相生的系統；金剋木、木剋土、土剋水、水剋火、火剋金，這是相剋的觀念。凡此觀念，都是從日常生活中解悟所得。「金生水」是金屬加熱後融化成為液體；「水生木」是有了水，植物才能成長；「木生火」很容易理解，木塊可以燃燒，成為火焰；「火生土」比較難解，「土生金」則是從地下可以採得金屬的礦源。相剋的觀念，「金剋木」是可以用金屬刀砍伐木材，「木剋土」是以木幹上裝了農具可以刺土、破土，「土剋水」是以土壤做堤防，可以防洪水氾濫，「水剋火」不用解釋，「火剋金」則是以高溫可以融化金屬。這一串的說明，只是解釋古人從日常生活中，引申出來素樸的理論。任何一項因素或者功能，都不能不受到另一方向的反制。這五個項目之間必須要調和，才能成為一個完整的生活體系。同樣地，每個項目之中，都有強和弱的相互制約，任何一方過強或是過弱，都會造成災害。因此，五行觀念正同陰陽觀念一樣，指出人類生活之中各種因素，必須在平衡之中找到調和之道。失去了平衡，維生的資源不僅不能有助於生存，反而可能妨害了生存的環境。

這樣的永遠趨衡的動態宇宙，當然會牽扯到時間的觀念。時間軸線，在現代科學觀念中是直線地進行。在基督教神學觀念中，自從上帝創造天地，時間就永遠延續下去，到最後審判的日子，人類的時間終結，但宇宙的時間還會進行。中國式的時間觀念則是循回的，也是在許多條件之中，不斷地尋求一個「完足」；而這些條件參差不齊，因此「完足」的境界很難達到。中國人的宇宙中，時間的觀念，可以以漢代最後經過形上學思考，發展的年曆學作為指標。

經過若干演變，從漢代開始，以至於近日現代科學進入中國為止，中國人的曆法是按照太陽曆和太陰月配合：太陽年一年的「歲實」，是三百六十五又四分之一日，太陰月的「朔策」，是二十八又九分之五日；一年必須要有十二次月圓，每個月圓之時必在月中，單單湊齊這個條件，就需要相當大的公倍數。每一個太陽年，在中國曆法上劃分成十二個節與十二個氣，每一個關鍵點，都代表著中國靠近北方的大陸氣候轉變的關口。這些節氣的名稱，都是農耕程序必須要注意的天氣——例如，春分、秋分，是晝夜兩中平的時候；又例如，冬至是白日最短的一日，夏至是白日最長的一日；立春，則是一年生長季節的開始。每一個月要分配兩個節氣，而一年的開始，又必須在立春的附近。歲實和朔策的總和對不上時，在年曆上必須要加上閏月，閏月放置的時候，也必須要按照落差出現，幾乎要影響日常生活規律的那個月。

再加上中國人的天象觀念：宇宙是個大圓球，日月五行，每一個星體離我們的距離，代表一層天，這七層天相當於同心圓的層次，圍繞著地球。曆法家理想上的宇宙起源日，是在日月如合璧，五星如連珠的時候。在這一天，恰好是立春，而立春的時間，恰好掉在正月初一日的子夜。將所有這些因素調和起來，取得的最小公倍數，從漢代元始年間，乃是兩千七百多萬年前，曆法學的術語，稱為「上元」。但是，即使到了我們這一個大週期的終結，時間也不會停止；日月和五星的軌道，在中國曆法上，也有不斷變動的規律。於是，一個大週期之後，只是另外開始一個新週期，時間永遠進展。「人」卻是觀察這些變化的主角，於是，宇宙的永恆進行，就繫於「人」之存在。

論其根本，陰陽家的根源應當更早——五行家的出現，必定是在銅器和鐵器成為日常事物時，才有「金」相的功能。陰陽互動的形上學，當然是和上述伏羲、女媧之間的相對性，有歷史上的淵源。到了漢代，董仲舒綜合儒家的人間倫理學，和陰陽五行的理論，組織為天人感應的學說。在他的龐大宇宙系統中，層層套疊著大小宇宙，人體也是一個自我完足的小宇宙。從天地的大宇宙，到人間秩序的宇宙，以至於到人體之內的小宇宙，彼此互相感應。不僅是大宇宙影響了小宇宙，小宇宙的變化，一樣會回饋於大宇宙，引發相應的變動。在這些宇宙中，任何因素不能過強，壓倒其他的因素；也不能過弱，如此則無法保持各種因素之間的動態均衡。

從漢代以後，宇宙內部和宇宙之間的衡態，就是說明「人」在大宇宙中，具有和天地同樣重要的地位。天、地、人三才，是大宇宙的三個層面。因此，漢代以後出現的中國傳統宗教——道教，在其原始的三官，就是天、地、人；要到東漢以後，人官的部分才被水官代替。「人」反而是各個層次宇宙的命名者和解釋者。「人」不是屈服於自然秩序的一類生物，而是和天地共存的宇宙成分。

董仲舒構建的天人感應論，不僅是天的變化會影響到人，人的變化依然影響到天。人的變化，尤其是集體的行為，例如國家的政策和政治體制運轉的情形，都會影響到宇宙的均衡。從漢代開始，國家的正史往往會包括一章，稱為「災異」或者「祥瑞」或者「五行」的章節，其中記載氣候災變等等，並且常常聯繫於政府的作為——史官認為，是人間的若干措施有所偏差，才導致了氣候和其他的自然變化。舉例言之，假如皇帝過分依賴皇親國戚，或者女主專政，這就是陰氣太盛，會導致嚴重的水災。又譬如，用刑過度或政府施行苛政，會造成肅殺之氣，以致秋天有嚴重的早霜，傷害了農作收成。凡此形上學的玄虛之說，當然都是附會。不過，這些想法也確實影響歷史上中國人的行為，諫官往往以災變的出現，理直氣壯地糾舉政府的行為失當。當天人感應理論剛出現的漢代，漢代的知識分子確實借著某一災變的時機，常常提出政治改革的要求。甚至於冒生命之危險，建議皇帝退位。以上只是說明，中國人的宇宙觀，和人生觀是密切相連的。「人」在宇宙之間，不是一個從屬地位，而是具有天、地、人三才之中，三分之一的主動權。

一直到今天，中醫的理論，很大部分是從天人感應之說，以及陰陽五行的形上學，建構了一套人體內部各部分的平衡理論，也建構了人體系統與外在大宇宙系統之間的呼應關係。

至於人體本身，中醫理論有精、氣、神的說法，這個三合的說法，中醫的理論家，往往歸之於《黃帝內經》，尤其是「靈樞篇」。但是檢查《黃帝內經》，其實沒有這個三者孤立的說法——精、氣、神還要配上魂魄等等。「精」乃是生命，更強調於生命的本質；「氣」乃是生命的運行動力，是動態的；「神」則是精、氣運行中，出現的「狀態」，用今日中醫常常借用的名詞，則是「能量」。人體之內的精、氣、神，與人體之外的外在世界，息息相關。從保健的立場而說，攝取營養，是培養精、氣、神的必須步驟，而外在環境的冷暖乾濕等等條件，也影響到精、氣、神的平衡。假如以這一套理論延伸，我們可知，個體生命並不是與外在環境對立的受格，因為他是大宇宙之中的一部分，個人的主體性，一樣可以積極或是消極地影響到外在大宇宙的衡態——「人」不僅是受格，也是主格。「人」的尊嚴來自上述的這種特性，「人」的權利，也可以從這個理論，得到天賦人權的解釋。

前言中，我們提到馮友蘭的「新原人」之說，他以為人生處的境界，可以有原始、功利、知識和天地四個層次。我們生在原始狀態，應當是生物性最為突出。然而，我們不當自甘於生物，因此，才有「厚用利生」的需求和行為，這是功利的境界。在功利境界之上，我們還要需提升到理性層次的知識；最高的境界，則是從功利昇華為與大宇宙呼吸相通的天地境界。他認為這一個逐步提升的過程，依賴於我們的「覺解」。「覺解」二字，也許正相當於儒家心學中的「悟」。當然，「覺解」二字，與佛道的覺悟和解脫有明顯的關係。

現在我們從哲學上的討論，回到中國民間對「人」的理解上。上述中醫的人體觀念，其實就是代表了民間已經形成了一套「人」學之中的醫療部分的認知體系。在民俗信仰之中，也從精、氣、神的論點延伸：南北朝時代，道教的煉丹先是從煉製藥品開始，從醫療和保健推演到追求長生不老——服用丹藥可以將生命延長，甚至於永遠不老。這個願望本身，就代表了生命是可貴的，值得延續到無窮盡。從煉丹的觀念，又發展為煉內丹的理論和方法——據說，人可以從自己身體之內，調動自己的真火和真水，通過修煉以改造自體。最高的境界，可以將精、氣、神中「神」的部分，在自身內部的「結內胎」，「內胎」進而可以進化純熟為「元神」。根據道教的神祕學說，「元神」才是真正的自己，可以擺脫肉體永遠存在，成為神仙。即使沒有修煉到神仙的地步，「元神」一樣可以短期地離開身體，四處活動。所謂「元神」的觀念，幾乎就是陳述人體本身可能達到永恆。人自己的努力，可以修煉到如此地步，「人」的可貴，顯而可知。

中國的民間日常生活中，有許多的妖精古怪，在我們日常經驗之內，蛇妖狐仙處處都有。一般的民間觀念認為，凡是古老的物體或動物，都可以修煉成「精」，「精」的最高層次，則是進化出人體，以人的形象超脫原來的屬性。人可以成仙，物可以成人，這些妖精，理論上還可以進一步修煉成仙，與天地同壽。「人」這道關口，卻是高於一切事物，和一切其他的生命。由此可見，「人」的地位之可貴，就不是承受神惠的受格而已了。

馮友蘭的「覺解」，在民間宗教之中，稱為「修煉」。自從中古時期，中亞一帶的救贖教派傳入中國。最初這一教派還保留原來的面貌，例如祆教和景教。後來者，除了在中國的伊斯蘭教保持了原來面貌外，其他救贖宗教都大量吸收了中國道教的一些教義，混合成今天常見的一些民間教派——例如一貫道，和過去大家熟悉的各種民間信仰。他們對自我的救贖，不再是仰賴一個外在的救世主，而是靠內修就可以達到的境界。一貫道的「無生老母」，就是道教從無到有的轉換。走到這一步的悟解，一樣是從清理人體本身和人心本身的污濁部分，漸漸提升，臻於解脫。「人」本身可以達到的境界和地位，不是仰望神恩，是通過自己就可以走到的。

另外一些非救贖的宗教，例如媽祖信仰、王爺信仰等等，這些神祇的法力，可以解除人間的困苦和災難，也可以在人身故後，引導其進入極樂世界。不過，這些神祇擔任的角色，不是單純的外在法力的救贖。被救贖者也需要自己修煉，至少是行為品德上的修為到了一定的水平，神仙才能伸出援手。雖然，廟宇門前有無數的信徒燒香禮拜，也不斷有人在神壇前捐獻和貢納。然而，認真的信徒一定會告訴我們，單單靠這些奉獻，是不能得到功德的。只有通過發自內心的修行，提高自己的品德，神仙才能將信徒引進極樂世界。

外人以為，中國人是靠念佛和施捨來購買神恩。有一些愚信之徒，以為做些功德就可以得到神的恩典。從上面所舉的例子可知，即使民間宗教，都看重在「人」本身內部，可以達於至善的條件。經由自身對於至善的追尋，人才可以提升自我直到解脫，進而超凡入聖。

總而言之，從中國的創世神話，一直到今天的民間信仰，中國文化中「人」的地位是與天地同等，是三合一的一部分。儒家的人文倫理，將在下一章討論。就本章所說而言，「人」有自足的條件，不需外求就足以求改善和提升自我，進而超越生物的境界，也超越物質的限制。這當然是唯心論的論述，只是，在中國文化中，這一信念其影響極為深遠，也極為普遍。與猶太—基督教義中「人」的地位相比，中國「人文」二字，具有更重的分量。

第三章

神鬼故事的傳說

在本章提到的傳說，當然只是中國無數傳說之中的一部分。我所挑的選樣，基本上都是來歷不明、沒有作者，而傳流很久的故事。我盡量避免將文學作品中的故事，也納入傳說之列。不過，如果一些文學作品如小說、戲劇等，其情節已被傳誦，成為大家熟悉的故事，這些也可以當作傳說，作為反映民間情感的數據。

在民族學上，一般傳說的習慣，都需要從天地開闢、形成秩序等開始講述。因為這些傳說，也是界定文化系統對於宇宙和四周圍的環境的解釋。在先秦以前，中國的文化在許多不同的地方文化個別發展，各個族群有各自的神話和傳說。大致要到戰國時代，方才逐漸融合，真正形成相當整齊的系統。在漢代，則更進一步進行全盤整合。在戰國時代，整合的情形可以從楚辭屈原的「天問」和「九歌」兩大巨著，瞻見其大概的內容。不過，當這些神話和傳說列入文化正統，在民間卻不再成為口耳傳誦的故事。

在「天問」之中，屈原先問到，天地的秩序怎麼形成？日月星辰的位置，怎麼安排？創世傳說之中，中國的地形如何建構？歷史上的大洪水，鯀和禹的故事，大概的情結是如何？然後又提到幾個朝代的創生神話，那些英雄人物，如何有神奇的誕生現象？最後又問到歷史上早期幾個「朝代」，他們的興亡和變化：例如，后羿怎麼篡奪了夏代的政權？自己又如何遭遇到嫦娥偷取靈藥的事件？等等。在屈原的另外一部著作《九歌》之中，他特別描述幾個重要的大神：東皇太一、雲中君、東君，這些眾神的權力和性格。他還描述了幾位水神：湘君、湘夫人，他們的角色和彼此間的關係。然後再說到我認為最有趣的一章：「山鬼」，那些在森林、草原以及樹木覆蓋的山坡上，逗弄行人的美麗精靈。最後他才談到在戰爭中陣亡的陰靈：「國殤」。這些材料，確實是我們了解當時的神話傳說的寶庫；屈原陳述的這些信息，又相當反映了與中原系統略有差別的荊楚神話傳統。然而，仍如上述，這些故事日久以後，只是中國文學的瑰寶，未必在民間繼續傳流。因此在這一章中，我不想將這些故事作詳細的敘述，只是提醒讀者諸君，中國這個複雜的文化系統源頭眾多，有些古代傳流的信息，有極為優美而值得欣賞的成分。上述「九歌」之中，林野間隱約出現的小精靈，和巡行天上的俊男子，確實是很好的文學想像，值得大家欣賞，卻未必反映後世一般庶民的精神生活。

由於傳說是口耳相傳，當然在各地的傳說，可能有許多細節上的差異；各種文本記載的傳說，也會各有各的特色。凡此原因，我不能夠有一定的標準本，作為傳說的依據。在本章中提到的傳說，實際上都只是大概的內容，有許多細節，也不必列入。

這種根據口碑傳誦而得的史料，無法如一般的史料，有所依據，可以引證。

這裡引用的傳說，都是我在生命各個階段，從家庭的長輩、鄉里的父老及朋友的談話眾，所取得這些資料。在抗戰期間，我曾經隨著家人流寓各處，有時在農村，有時在小街市，有時在路上和擔夫、車夫、水手談話，從這些一般的庶民口中，聽了他們複述千百年來流傳的一些故事。我特別要感謝，有一段時間的經驗，那是在重慶南岸的郊外，黃桷埡，那是我家逃難的最後一站。兩年之久，週日父母在重慶城內工作，我和弟弟留在鄉下，由家中的老人汪思三照顧我們。這個淮西大漢自幼流浪，為人夯直不文，一身江湖義氣。在弟弟上學時，他背著我，到街上的茶館逗留。在那裡，由於他是江湖幫會的一員，他也要介入當地的許多事務——所謂「談公事」，也就是由當地的父老，聽取街坊鄰里的小小糾紛，由在座的眾人，共同判斷是非。在這種場合，一個鄉野的茶館，我聽到了許多四川人在「擺龍門陣」時所說的故事。這是七十年前的事了，那時候不過十三、四歲，到今天我還記得汪思三的為人與行事。容我借此，紀念我這個故交——他不幸在一九五〇年，於「反會道門」的運動中，死於非命。

第一批傳說，應當是屬天的故事。先從后羿射日和嫦娥奔月的故事開始。據說，后羿是一位神射手，百發百中。后羿生活在夏代——中國第一個朝代——的中間，以中國的朝代學計算，應當在距今三千多年前。那時候氣候大變，連年乾旱，火燒原野。（從今天的考古資料看來，距今四千年前後，真的有一段氣候非常乾旱的時期，影響到新石器時代文化末期的人口大遷移。）在傳說故事中的說法是，這次乾旱，乃是因為有十個太陽同時出現。中國古代傳說，東方的扶桑樹上，有十隻金烏，每天一隻飛過天空，就是我們看見的太陽。不知什麼緣故，有一段日子，十個太陽結伴同行：十倍的溫度，當然地上如火燒一般，赤野遍地。這位射手后羿，因眾人的乞求，舉弓射日，射下了九隻金烏，留下一隻如常在天運行。群眾感激，擁立他為王。可是，這位君主仗著自己的射技天天狩獵，地上的禽獸，幾乎都被他射盡。他自己認為功勳蓋世，應當長生不老，從西王母那裡取得了不死藥，希望永遠活下去。他的妻子嫦娥，那位永恆的美女，覺得如果后羿繼續狩獵，可能會以人為獵物。她刻意將長生藥偷藏在身邊，不讓后羿服用。后羿追索藥物，嫦娥急迫之下，自己吞了這一包藥飛升奔月。從此，在月上「廣寒宮」，忍受永遠的孤獨。

從這個悲劇性的傳說，我們尋找其中內涵意義。也許是在對丈夫的愛情和對百姓的愛心之間，這一位永恆的美女，自己選擇了這一個無可奈何的決定。百姓多年傳誦這個故事，未必真的認為月宮中有如此一個嫦娥，卻可能只是對她的崇拜和紀念。

另一條有關天上的故事，則是牛郎織女，一年只能相會一次的傳說。在天河旁邊，有兩個星座：一個是織女星，包括六顆星形成一個女子跪坐的姿勢；另一個星座包括七顆星，則是一隻牛的輪廓。據說牛郎和織女，他勤於耕種，她勤於紡織；他們彼此相愛，天帝讓他們結為夫婦。婚後，他們耽於愛情，荒廢了各自的工作：天帝懲罰，將天上銀河分隔這對戀人。他們彼此思念，天帝憐憫，吩咐喜鵲傳話，准許他們每七日相會一次。喜鵲傳話錯誤：「每年七月七日，相會一次。」從此以後，這一對夫妻每年只能踩在喜鵲比翼連接成的羽橋上，相會一次。

這個愛情的故事傳誦千古，所有的情人，都可以在夏日晴朗的天空之下，互相承諾彼此永遠相愛，正如唐明皇和楊貴妃在長生殿發的誓言一般。到今天，臺灣非正式的情人節還是農曆七月七日。中國傳統社會，男女的愛情是非常含蓄的隱私。只有借這種故事，竊竊私語，才能表達彼此的感情。另一方面，天帝代表嚴肅的父權，父權行使過度，在中國傳統的家庭，也確實常常使得恩愛的夫妻，只能在最隱私的場合互相表達愛情。

與牛郎織女傳說的類似愛情悲劇故事，則有秦漢時代形成的孟姜女哭倒長城的傳說。孟姜女的丈夫萬喜良，被秦始皇徵發到北方去修築長城，新婚的夫婦，竟沒有度過三天的歡樂。丈夫遠去，新婚的妻子為丈夫送去寒衣，隆冬臘月冰雪載道，等到孟姜女到達邊寨時，萬喜良已經和其他成千成萬的戍卒，紛紛累死在冰雪下的長城窟。孟姜女在城下痛哭，長城為之崩倒。這一故事，千古傳誦，各地的方言都有「孟姜女送寒衣」的民謠。論其來源，這一故事的原型是在春秋齊國，杞梁在齊長城下戰死，他的妻子孟姜，痛哭著迎回死者的靈柩。原型和這故事相比，的確後者更為動人。

另一則愛情不能如願的悲劇，是梁祝的故事。據說在東晉時，祝英台女扮男裝，在杭州求學，與同學梁山伯交誼甚厚；但是梁山伯卻不知道，祝英台竟是女子。等到他們各自回家，祝英台邀請梁山伯來家訪問。在這時候，梁山伯才發現祝英台是女兒身。他們二人互約終身，可是等到梁山伯求媒說親時，祝家的父親卻早已經將祝英台許嫁馬文元。梁山伯得到這消息，痛不欲生，很快就一病身亡。祝英台出嫁的行程，路經梁山伯的墳前，風雨交加，船不能行。祝英台知道這是梁山伯的墳塋，下船拜墳，此時天雷炸響，墓碑開裂，祝英台躍身入墓，墳墓復合。從此，這一帶出現一對彩蝶，到今天這種蝴蝶，還是以梁山伯與祝英台為名。據說，謝靈運還特別為此題記，紀念這一對不幸的青年男女。

這一個故事，也有他的原型。古樂府中的「華山畿」：華山下有一女子，聽說鄰村有一個少年，私心愛慕自己以致生病；少年的父母，託人向這位少女家求親，少女脫下內襦，作為信物交給來使。信物傳到，少年將這信物擁入懷中，大慟而死。等到靈柩行過華山，這位少女路邊迎柩，歌唱「君既為儂死，棺木為儂開」；天雷一聲，棺木裂開，少女躍入棺中，共葬在華山之下。另一個比較接近的原型，則是「韓憑賦」：據說戰國時代的宋康王，愛慕其舍人韓憑的妻子何氏，強奪入宮，將韓憑入獄；韓憑隱語傳達信息給何氏，以示永別。何氏得信，將衣服腐爛，從宮中的高臺躍下自殺；身旁的侍女抓住衣服，衣裂不能救。何氏留下遺書，要求與韓憑合葬。宋康王憤怒，將二人分葬在高臺的兩側，可望而不可即。但是，不久之後，兩墓各生樹木，相向交合，枝葉相接、根枝連理；樹上有一對彩鳥，比翼並飛——這就是所謂「相思樹」。

花木蘭的故事，與上述幾段愛情故事略有不同。「唧唧復唧唧，木蘭當戶織」，這一段〈木蘭詞〉，大概所有的中國孩子都曾經在中學讀過。花木蘭女扮男裝，代替父親應召出征，跋涉關山征戰十年後凱旋歸來，辭謝封賞回家歸寧。到家以後她脫下戰士衣，恢復女兒裝，同行十二年的戰友，才驚覺木蘭是女郎。這一故事，大概的時代背景是北周，在原來的故事敘述中，可汗發現木蘭是女子後強納入宮，她以死相拒，自殺身亡。她的戰友劉將軍，也因此殉情。這些情節，沒有在今天流傳的〈木蘭詞〉中出現。假如以原來的故事來看，與前面三段愛情不能如願的傳說相比，毋寧是同一類型的悲劇。

以上這幾段愛情故事，都是悲歎互相愛慕的男女，因為外力的干涉而不得相聚。其中當然也隱藏著，一般平民對於這些外力，作父權和君權的批判。

現在再談有關「地」的故事。從新石器時代開始，幾千年來，農耕文化在中國根深柢固。中國的精耕農業，必須有適當供水，灌溉作物。大禹治水的故事，可能就在這種背景下才得以永遠傳留，也延伸出一些類似的其他傳說。據說，距今四千多年前，中國曾經遭逢一次極大的洪水。（世界各處文化都有過大洪水的故事，可能那一時期，曾經出現地域性的洪水。最近考古學和地質學的探討，發現黃河上游積石峽谷，在四千多年前曾經有過偃塞湖，高達四、五十層樓的大水沖決破塞，可能造成以下黃河流域的大災難。）

回到堯、舜、禹三代，鯀、禹父子兩代人奉命治水，將氾濫的洪水導入渠道，使氾區回復農田。在這故事中，大禹的父親鯀治水的方法是築堤防堵，結果愈堵愈氾濫，被舜處以極刑。大禹接下治水任務，採取疏導的策略，終於成功。鯀、禹治水，得到許多神明的幫助，女媧即曾賜下堵水的「息壤」；也出現神龜曳尾，引導開渠的路線。有一次，禹化身大熊，舞蹈作法，他的妻子塗山氏送飯，發現丈夫竟變化為大熊，非常驚慌和羞愧，從此不見大禹。大禹也因此事故，過家門而不入，多年都在外面奔走治水。

另一治水的故事，則是四川都江堰李冰治水的傳說。李冰是秦國在四川的太守，他在任上將岷江分流，灌溉成都平原的廣大農地。故事中，為了打開山口，李冰自己化身水牛，和水神化成的另外一隻水牛相鬥。他囑咐從者，認清其中一隻水牛，腰上有白印的那只是自己，白印乃是太守的印章。他讓從者出力幫助，刺死水神的化身，分江的工作，因此才能完成。他的兒子二郎，今天被稱為「二郎神」，也用臿挖土來協助他的工作。傳說中，臿成為二郎神的三尖兩刃刀，威力強大，可以戰勝一切妖魔。在今天都江偃沙灘上，也確實發現一個古代的石像，就是一個短裝男子持臿工作。

第三個故事，則是安徽、江蘇的祠山大帝張勃治水，他是漢代廣德高淳的地方官。這一個地區，眾多丘陵圍繞谷地，水流不通造成淤塞。張勃將許多水流導入渠道，分別注入長江和太湖。在張勃治水的故事中，他也曾經化身豬形，或稱豬婆龍（可能是借用大型江豚的形態，發展出的一種傳說動物）。當他正在以豬形拱土成渠之時，他的夫人送飯看見後立刻逃逸，藏躲不見。在我家鄉，張勃被稱為「張大帝」，位階與「東嶽大帝」平起平坐。每年的賽會，各處的神祇都要起駕朝拜張大帝。

在這些故事之中，張大帝化身大豬，和大禹化身大熊，其實是同樣的比喻。百姓感激，將人力不易做到的事情，委之神力的幫助。大禹和張勃，都因此犧牲了家庭的生活，換來的是百姓的千秋紀念。我在第七章中敘述，無錫還有東水仙、西水仙，這兩位治水有功的地方官，受到百姓永遠的奉祀。這一類的故事，在中國南北各處，處處有之。為了農耕的需要，他們興修水利造福眾人；也因此，對治水有功的人物，老百姓永遠懷念。

既然談到天然環境對人的影響，因此，中國人對於水利灌溉特別重視。從這條線索上，我們也可以舉出與水利觀念有關的蛟龍傳說。蛟、龍都是神話中的奇異動物，是在真正的生物中，無法找到相應的種類。尤其「龍」的觀念，在中國人的傳說中，是具有極大能量的神物，皇帝就是以「龍」為自己的象徵。龍的主要所在地，還是在水中。蛟比龍差一階，似乎是龍的副手，或者次一階的神物。蛟的所在地卻是相當一貫的，是在水流之中。下面是一則龍的故事。

在四川以及長江流域，都有「望娘灘」的傳說。據說，江邊上的一個村子，有母子二人，家境貧寒；兒子必須要經常到江邊的沙灘上割青草，當作菜肴。有一天他發現一塊非常繁盛的青草，取回來的野菜非常可口。第二天、第三天，每次到那個地方去採野草，卻發現野草從來沒減少。偶然，他在野草叢中，發現一粒紅色的圓珠，他將這個珠子放在野草筐中帶回家。第一天筐中的野草幾乎吃完了，第二天早晨，卻發現又是滿筐野草。母子二人將紅珠放在米缸，第二天早晨米缸竟是滿滿的白米。消息傳播出去，全村人都來看這顆紅珠。孩子急了，帶著紅珠向江邊跑，不小心吞下紅珠，立刻感覺口渴，跑到江邊去喝水。他的母親看見他不斷地喝水，等到再抬起頭來時，他的頭已經變成龍頭，而他的身體也在拉長。終於，他化成一隻大龍躍進江水，順著江水他向母親點頭告別。四川很多地方，有九洄灘、七十二洄灘等等名稱，據說都是這條兒子化成的巨龍，每回頭向母親叩別一次，江水就轉一次彎。

這個故事，延伸出許多類似的故事。紅珠可能轉化成寶珠，放在任何對象之中，都會使這對象無窮增加。於是又延伸為「聚寶盆」的傳說。吞珠成龍的傳說，卻是在長江流域傳播最廣。我自己以為，長江水道曲折，每個轉彎之處，外側江水衝激江岸，江岸崩潰就會使外側的彎度更大；在江水內側，由於江水回流，速度緩慢，則有沙磧停積形成沙灘。這條大龍，其實就是江水主流，氣勢磅礴，委婉起伏，奔騰東去。蛟則可能是長江流域——尤其川江部分，常有地下伏流沖入江流；遙望伏流，儼然是一條夭矯巨物。蛟，也可能以「長江鱘」作為模本想像而得。凡此故事，都可能是在江邊居住的人們，將江水的景觀轉化成蛟龍，當作水神來崇拜。在這個基礎上，演化為「四海龍王」以及全國各處大小河流，都有當地的龍神。

「深山大澤，實生龍蛇」，這是中國古代將龍和蛇經常並稱的典型句子。龍的形象，是從蛇擴大、複雜化而來。龍，大概還是一條巨蛇。古代草木豐盛，蛇是人生活之中經常會遭遇的危險。蛇悄然移動，無處不在，而毒蛇又可以置人於死命。於是，蛇在中國傳說中的形象，乃是一種不易察覺的危險。先秦古文中，「無它」的意義是「沒有災害」。於是，在日常生活中，這一類的生物，也就成為不易察覺、而需要戒備的災害。蛇類的生活習慣，盤圈昂首，吐舌四望，儼然是向天呼吸。這一形象，在傳說之中是巨蛇昂首向天，吸取天地的精華，終於成為蛇精，可以化為人形，在人間活動。

蛇精故事之中，最著名的，當然是「白蛇」的故事，乃是中國四大神話之一。這條八百年老的白蛇，在峨嵋山中修行，吸收天地山川的精氣，能夠化身為美貌的白衣女子。白娘子的故事，是逐漸演變成長的：大概在宋代，還只是一個很簡單的原型，到了明代，已經演化為今天大家知道的白蛇傳內容。白蛇的故事，幾乎所有的中國人都知道，因此不必在此複述。有情有義的白娘子，和許仙的戀情，是永遠令人哀歎的悲劇。那個多事的法海，自己據說也是蛤蟆精，生生拆斷了這一段姻緣，逼得本來已經化蛇為人、成為人間最善良女子的白蛇，犯了彌天大罪：水漫金山寺，造成巨大災害。於是白娘子被鎮壓在雷峰塔下，直到西湖水乾、雷峰塔倒，白蛇才能出世。我曾經參觀過金山寺，寺廟中的和尚還一本正經地，領我去看牆上的一個竇穴，說是許仙從這個牆洞逃亡——可見這個傳說深入人心。在江南，秋蟹是應時美肴。每一次我們剝食螃蟹時，孩子們都會努力尋找，在螃蟹的兩眼之間，有一個小小的白骨，據說就是法海——這是民間的裁判，將這個破壞姻緣的和尚，永遠貶入螃蟹殼中。許多中國的地方劇種，都有「白蛇傳」的唱本，其中祭塔一段，是白蛇生在人間的兒子中了狀元，回到雷峰塔祭拜母親。母子二人只能短暫地相會，那一段母親哀述自己的一生，和永遠鎮壓在塔底的淒苦，乃是十分動人的一段唱腔。

在民間故事中，蛇妖並不是邪惡的形象，上述白蛇傳中的白娘子，就是值得大家同情的角色。長江流域以至江南一帶，靠近水邊、草木茂盛，蛇乃常見之物，而又很少毒蛇。因此，蛇常被視為鎮宅的神物。我家無錫老宅，水邊有一棵大樹，高過二樓的屋頂，樹上相當高處有一個空洞，應當是一棵大枝斷裂之後形成的。這樹洞中有一條大蛇（其實應當是有一窩蛇），我們偶然會看見蛇盤在高處的樹枝上，人蛇互不相犯，一般人就認為這是我們許家的宅神。蛇與燕子，都象徵一家家運的興衰。如果蛇也不見了，燕子也不回來了，這家大概就會走衰運。因此，我家的僕役，初一、十五都會放兩個雞蛋在樹下，作為謝神的祭品。

中國傳說中，狐狸精也是一個常見的主題。最常見的故事是，狐狸化為女子迷惑年輕的男子，使他精血喪盡。這些青年男子的精血，卻能滋養狐狸，使妖精的道行更深一層。狐精的故事，在這個基本的母型上，有許多的變化，有些狐精也相當有情有義，並不危害情人。狐仙的故事，往往會聯繫到借狐仙的妖力，遭逢狐仙的家庭可能一時暴富，但好運不會長久，妖精帶來的好運終於還是會敗壞。

狐狸得到這麼樣的名稱，可能因為狐狸的皮毛光潤華美，而且狐狸的眼形與狼、狗不同，帶點斜挑，似乎是女子挑逗的眼神。狐狸在夜間活動，和豺狼一樣，在月色之下仰首望天嗚嗚：這個形象，也被視為狐狸在吸取日月的精華。事實上，大部分中國農村，都已人煙繁密，附近並無野生動物。於是，張冠李戴，狐仙的故事，有可能是因黃鼠狼而起。很多文人學士，例如蒲松齡、紀曉嵐，都是說故事的好手，在他們的筆下，狐精的故事占了相當大的部分。那些故事，其實頗有借物諷世的意味，乃是文人創造出來的寓言，而非民間自己加油添醋，逐漸形成的傳說。

回到人間：人死為鬼，鬼魂的故事，當然也是民間傳說中相當重要的部分。從「生」說起，自從佛家輪回之說傳入中國，中國人在陽世以外，另外創造一個陰間——新生命的降生，則是從陰間轉入陽世。我們常見這種傳說：產婦正在待產，有人會看見某位已經故去的友人或是冤家走進大門，直驅產婦的房間；然後呱然一聲，小兒出生了。於是，下面就會接著解釋：有的人是來報恩，或是延續過去的交情；冤家到來，則是來討債或報仇。我們家鄉有一位地方尊重的長者，吳稚暉先生，他終身不慶生。因為據說在他出生前，他的父親夢見已經故去的祖父告知：「我替你買了孩子，七斤十兩重，明天就會出生。這個孩子並沒有經過陰間的核准，是我偷買的。因此，他千萬不要慶祝生日，以免陰間察覺，陽世有這麼一個走私的生命。」這一類的故事，基本上都是用來解釋一家興衰起落的因由。尤其如果某家有了敗家子，就往往會歸咎於上世不善，招來索債的冤家。

當然，不得善終的冤魂，會成為厲鬼在人間作祟。本書的第六章，會講到春秋時代，鄭國伯有醉中被殺，冤魂索命的故事。厲鬼不僅是找冤家索命，也會造成地方上普遍的不安。瘟疫和戰爭都會導致死亡眾多，那些不得善終的死者，靈魂無處安頓，就會騷擾人間。在這種時候，可能因為長期的不安，引發群眾情緒的緊張，就會有「過陰兵」這一類的故事忽然出現。我自己經歷過這種事情：抗戰第二年，日本轟炸四川各地。有一次一個中等的城市萬縣被日本炸平，全城三分之二化為瓦礫，死者無數。那次大轟炸以後，人心不安，已經無家可歸的難民，露天睡在僅有的走廊或是任何可以遮蔽的地方。那時，曾經有十天左右，大熱天的半夜，忽然全城驚起，都說看見斷頭、缺肢的「陰兵」，列隊走過道路。這種群眾不安現象，需要集體的安慰。於是，地方的宗教信徒，即會請求佛寺、道觀作法安魂，超度亡靈，解除人間的恐懼。

在臺灣，「好弟兄」指的是一般的鬼魂，「大眾爺」或者「義民爺」則是族群械鬥中的犧牲者。臺灣各地都有小小祠廟供奉「好弟兄」，以避免他們作祟人間。有時，也可能是因為其他情況，造成大眾情緒的緊張，卻也會將這不安的禍源，歸之於冤魂的騷擾。我初入史語所時，有一次，南港小區也舉行「安境」的法事，我被史語所派遣作為代表參加這一儀式，因此親眼見過，如何安撫陰魂的過程。乩童擲筊卜問，找出鬼魂不安的原因；法師祭起令牌寶劍，調動兵將；同時，職事人員焚燒紙錢，供奉酒食：如此恩威並用，軟硬交施，務求安頓不高興的亡靈。

臺灣的民間故事之中，鬼魂作祟的傳說，最著名者則是「林投姐」的故事。林投姐是一位臺南的女子，與一位周姓的男子相戀，二人同心合力組成家庭，在事業上有個小小的生意。這位周姓男子，渡海回鄉辦貨。在那邊，他卻移情別戀，拋棄林投姐母子不顧。林投姐氣急，在林投樹上自縊身亡。她冤魂不散，想要找到負心人報仇。但是，鬼魂過海峽，會被海神攔阻。後來，林投姐獲得一位算命師的協助，將神祖牌夾帶在雨傘之中渡過海峽。最終，林投姐的冤魂找上了負心人索命。另一說，則是林投姐搭乘到省會趕考的專船，因為舉子是文曲星，海神不敢阻擋。

另外有一則周成遊臺灣的故事：周成也是一個小生意人，過了海，就拋棄原來的情人移情別戀。身在故鄉的女子怨恨負心漢，死後渡海來找他索命。這兩件故事，基本上相當類似，應當是出自同一原型。也就是福建移民到臺灣開拓時，心懸兩岸、家庭隔離所造成的悲劇。林衡道先生則認為，這些故事大概都是大陸上各處都存在的「望夫石」主題，加上一些情節，組成現在的臺灣故事。

看過《水滸傳》的人都知道，宋江的外室閻婆惜，愛上了宋江的徒弟張文遠；宋江殺死了閻婆惜，自己上了梁山。在這個主題上，又演化為「活捉張三」的傳說：閻婆惜死後不忘情人，其鬼魂勒死張三，二人從此可以在另外一個世界長相廝守。這一個故事，和上述的臺灣傳說略有不同，前面是負心漢被懲罰，而大陸傳播的傳說，多少有點同情閻婆惜和張三，讓他們死後長相左右。以上這些故事，都是小百姓的經歷，其實將死後的靈魂當作生前生命的延續，其中並不牽涉佛教信仰的轉世果報等等情節。

世間不平的事，處處都有，常常發生。有許多小民百姓，蒙受冤屈時總希望有人作主。於是，就出現了「包公斷獄」一系列的傳說。宋代的包拯，是著名的清官，鐵面無私。傳說中，他在開封府尹任上，平反了許多老百姓蒙受的冤獄。造成冤獄的惡人，有國丈、大臣、富戶、土豪。包拯都能不畏權勢，替老百姓作主。這一類的故事太多了，不必詳說。傳誦最廣的故事，則是陳世美的傳說。陳世美貧窮出身，進京趕考後得中狀元，皇家招親，公主下嫁，陳世美貴為駙馬，但是忘記了老家還有髮妻和兩個孩子。髮妻進京尋夫，陳世美竟然不承認自己的妻、子。最終，包公斷獄，將陳世美鍘死。包公的許多事蹟，往往以「陳州放糧」作為開頭——他一路接狀、一路審判，斷了許多冤獄，甚至將流落在民間的皇妃，斷定為皇帝的親生母親，冒了極大的危險，終於使母子團圓。

包公系列的故事，在列朝都有：如唐代的狄仁傑，明代的海瑞，清代的施世綸。故事中，除了替老百姓伸冤以外，還增加許多奇案的判斷；那些情節，大都從著名的「洗冤錄」中取得。總而言之，中國老百姓面對的官府，尤其地方官的遷就權貴、濫用權力，都是有冤無處訴。這些清官的形象，乃是為老百姓尋找情感上的寄託，不失為失望中的盼望。

這一系列的包公的故事之中，都會牽涉到一群江湖俠義人士，他們有時劫富濟貧，有時也幫助清官平反冤獄。當然在中國的傳說之中，這種江湖武俠之士也是一項主題。宋代經濟發達，城市化現象快速呈現，在城市之中出現民間的娛樂，包括說書、街頭劇等等。這些藝人講述的故事，宋代所謂「樸刀棍棒，英雄發跡」，往往從殘唐五代、天下大亂的許多英雄事蹟中取材。桃園三結義、瓦崗群雄聚義、以及梁山泊的故事等等，都是從這些主題的延伸。這些故事往往強調：武藝高強的俠客彼此以義相結，在江湖上活動，為天下抱不平。其中有些人，竟然可以開創王業。人與人之間的義氣，於是高於其他的德性：為了義氣，一切不顧，捨身而無悔。回溯這些故事及其精神的源頭，應是史記的遊俠、刺客和唐代的傳奇人物。明清以後，江湖和民間出現許多幫會，他們也借著俠客傳說，豎立以「義」相結的基本精神。

從這一系列的故事之中，我們也可以看到：忠臣烈士為國為民，卻往往受到奸臣迫害，以至於為國犧牲。也是從宋代開始，逐漸發展出來楊家將的系列故事：北漢的大將楊業歸順宋朝，成為防守山西邊境的名將，號為「金刀無敵老令公」。在一次抗遼戰役中，讓他做先鋒，本來安排的援軍，遲遲沒有出現。他被遼國大軍擊敗，身為俘虜絕食而死。他兒子六郎楊延昭，也防守山西，乃一時名將。這些情節，演化成「楊家將」故事系列，穿插了朝中忠、奸的鬥爭，軍人與文臣的衝突。

這個系列故事中，楊家成為保衛國家的世代將門，一代一代的主將或是陣亡或是累死，剩下的是一群寡婦：祖母佘太君，孫媳婦穆桂英，率領了一門寡婦孤女，還有幼年的楊家子孫，仍舊為國效力。如果單看楊家將的故事，讀者會有一個錯覺，似乎宋代的對外戰爭，永遠只有楊家是主角。其實楊家在六郎以後，僅見楊文廣而已。在「盡忠報國」的框架內，後來就有對於張巡、許遠、岳飛、于謙、袁崇煥，那些冤死的忠良引發的歌頌與哀悼，無不是平民百姓，譴責政府和君主辜負忠臣良將，因此發生不平之抗議。

楊門女將的事蹟，上承花木蘭和唐初平陽公主娘子軍，下面又延伸出樊梨花、秦良玉等等女將的英勇事蹟。這一個主題，毋寧是老百姓們伸張女子的地位，表揚她們的所作所為，認為巾幗可以超越鬚眉的觀念的表達。

到後來，包公的故事與「楊家將」系列合流，角色中又增加了八賢王（德行的象徵）、寇準（智慧的代表）和從民間回到皇宮的太后（能夠壓倒皇權的母權）：這些因素，給了正義化身的包公，擁有鍘皇親國戚、文武百官和豪強刁頑的無上權力——一般小民百姓夢寐憧憬的保護人的形象，自此得以完成。

在本書的第七章章，我會講到家鄉無錫奉祀對象，有張中丞（張巡、許遠）、于少保（于謙），而在于少保的祠堂中，又有夏允彝父子的牌位。在臺灣關廟中祔祀岳飛，也是常見的現象。現代武俠小說大家金庸先生的作品中，本章所述的情節幾乎處處可見其影子。由此可知，這一系列傳說在中國人情操中的影響。

本章所說，從開天闢地以至於到江湖豪俠，從男女私情到精怪現象，涵蓋的範圍，看上去似乎凌亂，卻也代表了中國一般老百姓他們的喜惡和褒貶。一般老百姓，很少會在談話時引用四書五經、二十四正史，他們的歷史觀，就是這些故事串聯在一起的一套評價體系。他們認可的價值，也就是人與人之間彼此對得起，人間必須有公道，世上必須有正義。這一章的內容，可以和第七章有關宗教的內容對讀，我想提醒大家的無非是：第七章中所謂「人間化」和「世俗化」，同樣呈現於傳說和故事的編造和傳播。

第四章

多元互動的秩序

中國的文化中，事物的分類有其特色。我們熟悉的五行、四季、三辰，都是分類的理念。這種種觀念裡，五行是最有代表的一套分類法。早在新石器時代，浙江的良渚文化，就有一些人造的土山，作為禮儀的中心。其中有一處土山，山頂上就有一個篩過的細土形成的平臺，平臺上，有青、紅、黑、白、黃五個顏色的泥土各占一方，黃色占在中央，這個也許就是中國五行觀念的開始，金（白）木（青）水（黑）火（紅）四方，再加上一個中心的土（黃）。

春秋的晚期以及戰國，有一個所謂五行學派出現，將世間的事物和變化，用金、木、水、火、土各自的特性和彼此間的生剋關係，來解釋宇宙間的許多現象。這一個學派，究竟和良渚文化代表的古老傳統，有何關係？我們很難確定。至少，這一個學派，和另一個所謂陰陽學派，都嘗試以形上論建構的觀念，解釋並駕馭我們所知道的一切現象。

此處，我們先討論關於五行的觀念。尚書《周書》的〈洪範〉篇，假借商代賢人箕子提出「洪範」九疇的理論，說明商代建立的文明系統，如何將世界的運轉和個人的行為，納入一定的規律。這九個元素之中，大都是以「五」為基礎，來解釋什麼叫做「五行」——第一項就是五種事物，第二項是五種人類的行為和能力，第三項是八種管理的工作，第四項是五種祭祀的方法，第五項則是說明五種好的治理的形態，第六項是三種不同的性格，第七項是十種占卜的方式和解釋事物的規律，第八項是五種計時的方式，第九項是五種福澤。這九類將政治、社會和天人之間的關係，都列入今天稱為的「範疇」——「範疇」這兩個字，就是洪範九疇簡略而成的名詞，用英文來解釋就是categories。

在中國的文化史上，春秋正是一個軸心時代，人類開始以抽象的思考和超越的觀念，來解釋四周圍各種現象。在其他的文化系統中，他們的軸心時代，也有類似以抽象與超越的思考來解釋宇宙。例如，希臘的亞里斯多德，就有專論來討論事物的分類。猶太教和基督教的經典，也常看見以各種的分類，說明宇宙的變化和人間的系統。在中國，長期以來，上述範疇提出的一些名詞和觀念，始終傳而不斷。到今天，中國傳統的醫藥——所謂「中醫」——和中國式的烹飪，還經常以五行觀念，作為運作的依據。

五行，是金、木、水、火、土，將宇宙萬物分成可見的天然因素。其中「金」一項的出現正是說明，中國當時已經進入銅器時代，才有「金」的觀念。相對於中國，印度只有風、土、水、火四個觀念，沒有「金」。在洪範之中，已經列出五行的特色。九疇中的第一疇，就列舉水、火、木、金、土：水的特色是潤濕，水或是往下流動或是往下滲透；火的特色是，火焰上沖；木的特性是有曲有直，但曲的可伸成直，直的可彎成曲；金是不斷地在固體、液體、氣體之間變化；土是最重要的，乃是農業生產的基本條件。洪範之中也將五種味道，分別配屬在五行之中：水是鹹的，這一觀念大概是海水的鹹性得來；火是苦的，炭的味道是苦澀的感覺；木是酸的，究竟怎麼得到木是酸的觀念，我們不知道——我們可以推論，水果沒有很熟之前都是帶酸的；金是辛辣、沖鼻的，我想在鑄煉青銅合金時，可能會發出刺鼻的味道；土長出來的莊稼，卻是我們生活最重要的資源，無論大米或是小米，咀嚼之時都有甘和的味道。

五行不僅是一個生一個，所謂「五行相生」；也有彼此相剋，水勝火，火勝金，金勝木，木勝土，土勝水，這一系列的相剋，我們不必解釋就可以理解。相生相剋，互相配合，才能得到五行各種元素的協調。（與生剋現象類似的易經八卦變化，將在別處討論。）可是在相生相剋的過程中，還是會有彼此強弱的差異。理想的情況是強弱相當，恰到好處。例如，金能生水，但是強金要得到水，才能有鋒口；木碰到金，是金屬的工具可以砍伐木材，砍得太多又損害了木材；水多土少不免氾濫，水土相合才能種植。這種種的解釋，大都是從日常生活之中體驗而得。在傳統生活中，在在處處也離不開五行的元素：農業耕植、收穫莊稼需要土；居住的房屋是木結構、瓦頂、土牆；土堤防水，深井取水；日常烹飪，土灶、木炭、鐵鍋，水火相濟方能烹茶煮飯。這一串的日常生活條件，就是五行的互相配合。在傳統時代，五行的觀念的確是和人生密切相關。甚至於在前幾年，我和曼麗在西湖休閒，也切身感受了一番：北山路湖邊一個小茶座，主人準備桌椅，又有個小炭爐支鍋煮水，鍋中掛了銅罐暖酒，另有一個竹勺，隨時取鍋中滾水，傾注小茶壺中泡茶。近處樹枝上懸掛幾個風鈴，叮噹作聲。這麼一個簡單的日子，一點小小的享受，包括了金、木、水、火、土，儼然五行俱備。

到了漢代，顯然五行的觀念已經深入人心。以中國的文字而論，「六書」之中形聲字最多。所謂形聲是以他的分類部首為歸屬，而以發音和歸屬的部首合而成「字」。許慎編著的「說文解字」，那是中國第一部字典。他的編排，「物以類聚、方以群分」，將整個的文字系統分成二百多個類別。這部字典不僅是字書，而且具體地反映了他們那個時代的宇宙觀。凡是在「木」部之下，不是各種樹木，就是各種以木製作的工具和器材；在「水」部之下，有各種河流、各種水流、湖泊、池塘，也有各種液體狀態的事物，與水氣有關的現象。諸如此類，我們不必細說。這也許是中國文字的特色，如果是拼音文字，就很難用具體的形象，呈現各種事物和現象。

「說文解字」中，形聲字的比例超過其他五類，應當有百分之七十以上。清代的康熙字典，是中國最後一部傳統方法編制的主要字典，所收的字數有四萬七千零三十五字，分別歸屬在二百十四個部首之下，其中最多部分是形聲字。我自己將主要部首的字數稍作統計，得到的結果是：屬金、木、水、火、土這五個部首，再加上附屬的部首，例如三點水或是四點火，金、木、水、火、土，這五類的字數，總計一萬二千七百九十一個字；這些字歸屬的部首，五個正項加上三點水等類的部首變項，共占有十個部首；這十個部首，只占了部首總數的百分之四不到，卻占有總字數的四分之一，其集中的程度，在比例上超過應有配額六倍之多。相對比較，牛、馬、羊、魚、鳥、禾、豆，這一類常見的動、植物，每一部首之下字數不過數十到百數而已。五行觀念在中國人的宇宙事物分類之中，其影響之大由此可以瞻見。

五行觀念，在今天中醫的醫學理論之中，還是最主要的形而上的理論依據。黃帝內經是中醫最重要的理論典籍，其主要的理論，就是將五行和身體的器官和各種力量的強度，都放在五行之下，可以列表如下：

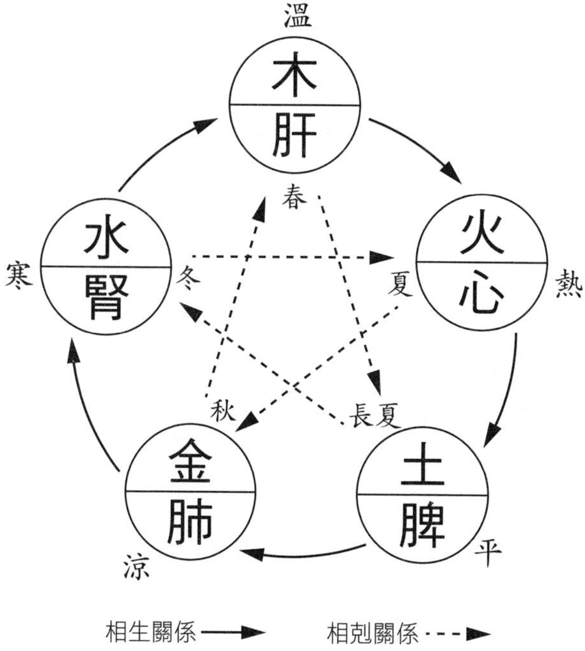

身體之中的肝、心、肺、腎、脾，各自歸屬在木、水、金、火、土之下；又分別說明其性質，分別是溫、熱、涼、寒、平；根據四季和四方——四方的中央是個土，四季中間，中醫在夏天的後段硬切出一個長夏，這種作法相當勉強。同樣相當勉強

的，就是冬天的寒、夏天的熱、秋天的燥、和春天的溫，如何處置？

中醫理論認為，人的身體其實就是一個小宇宙，外面大宇宙的變化，對小宇宙有一定的影響。中醫就以這些理論，說明每個器官具有本身應有的特性，季節的轉換會引發器官本身變化，許多器官之間的變化彼此牽引，失衡到一定程度就會發生疾病。在中醫的認知系統之中，春季容易發生溫病（今天瘟疫的「瘟」，還是從「溫」的觀念轉化而來）。夏季容易發生熱病，如我們日常說的中暑，就是這種觀念。秋季天涼，冬季寒冷，也是疾病常發生的時候。在季節變化以外，人的情緒會經常發生變化，飲食、環境等等外在的狀況也會發生變化，種種現象都會造成人體內部器官失調的現象。這些變化所導致的人體內部失去平衡，就是中醫所謂疾病產生的原因。中醫調治身體，其基本的原則又是將引起變態的偏差加以矯正——過寒的，以溫補；過熱的，以涼瀉……諸如此類。

中醫的診病，講究望、聞、問、切：望其顏色，聞其味道，問其經過，切其經脈，以判斷身體內部的偏差之所在。中醫的用藥以草藥為主，輔以一些天然的化合物。每一種藥物，根據經驗都被分為溫、涼、寒、熱、和五類。在中醫觀念中，每一個藥物本身都擁有某些特性，如果直接用來克制或補足，藥性可能太強或太弱。太強的藥必須用另外一種藥，來削弱一些強度；太弱了，則用另一種藥來加強其力量：這兩種藥，代表一「君」一「臣」。如果中間還是會有矯正過度，或是不足之處，又要加兩味藥，補足微小的特性。所以，第三種輔助的藥物被稱之為「佐」，最後一項微調的部分則是「使」。除了君、臣、佐、使這四類藥之外，還有「藥引」，也就是用來下藥的水、油、蜜、酒等類。以《湯頭歌訣》中的「麻黃湯」為例，這一治療惡寒、發熱、頭痛、骨節疼痛——今日常用名詞為「重感冒」——的湯藥，其中麻黃是君藥，能夠發汗解表；桂枝是臣藥，助麻黃解表；杏仁是佐藥，助麻黃平喘；甘草是使藥，調和諸藥。「君、臣、佐、使」也可稱為主藥、輔藥、佐藥、引藥，有的把佐藥改為次輔藥。

湯頭歌訣的四物湯：「四物（湯）地芍與歸芎，血家百病此方通。（當歸（酒洗）、生地各三錢，白芍二錢，川芎一錢半。當歸辛、苦、甘溫，入心脾，生血為君；生地甘寒，入心腎，滋血為臣；芍藥酸寒，入肝脾，斂陰為佐；川芎辛溫，通行血中之氣為使。）八珍（湯）合入四君子（參、朮、苓、草），氣血雙療功獨崇。（四君補氣，四物補血。）再加黃芪與肉桂，（加黃芪助陽固衛，加肉桂引火歸元。）十全大補（湯）補方雄。（補方之首。）十全除卻芪地草，（除生地、黃芪、甘草。）加粟（米百粒）煎之名胃風。張元素治風客腸胃，飧泄完穀及牙閉。」完全符合君臣佐使的安排。

中醫的方濟，君、臣、佐、使，是四個重要的項目。每一位中醫的醫師，根據自己的判斷斟酌處方。中醫醫學並沒有定性分析，藥方中諸項藥物的強弱，只能由醫者憑經驗和直覺，加以衡量。中國傳統醫學，有「醫者，意也」的說法，亦即「只能意會」。於是，每一位醫者開出來的藥方，君、臣、佐、使的配方，並不會完全一樣；種種微調過程，也未必完全遵守「君、臣、佐、使」四項的觀念，往往必須以五、六項甚至七、八項組合成方。用藥特別精密的醫生，在「君」藥這一項就可以有四、五種，「臣」藥這一項也可以有四、五種。「名醫」的處方，列入的藥味往往很多。中醫的藥材，從唐代以後以《神農本草經》作為記載藥性的專書。《神農本草經》包含的藥物以草藥為主，加上一些其他輔助藥品，可說是藥材的分類學辭典。到明代，李時珍的《本草綱目》，就成為中國藥典最完整的結集，也是討論一切方劑成分的經典。

中醫的醫書，在「本草之學」以外，有所謂「方劑之學」，收羅標準的「驗方」。歷代醫者參考的驗方專書，有葛洪的《肘後方》、孫思邈的《千金方》、和清代汪昂所著、民間醫師最常用的《湯頭歌訣》等等。這些「驗方」，聚集了常用的、有效的藥方，流傳於各處。每一位醫者都會參考這些「驗方」，經過使用後又加以修改，並將修改的過程，注入正文。經過一代又一代不斷修改、不斷增添，一個「驗方」可能衍生為一串不同的藥方。中國傳統醫藥，也有一些「成藥」，例如保濟丸、諸葛行軍散、桔梗枇杷膏等等，他們的成分就非常複雜，在君、臣、佐、使之外，又加減了許多藥劑。這些藥物加減變化，都是醫生與藥局，自己摸索出來的經驗。

如此過程，乃是實證的發展，用今天的術語說，是臨床經驗的紀錄。五行生剋理論體系指導下的傳統醫學，只能說是運用一種哲學的思維，將人體當作一個小宇宙，和大宇宙相配平行的理論來討論病情、用藥施治，並沒有經過對於藥物的化學分析。因此，傳統醫藥並不能算是科學。然而，經過長期累積的經驗，它確實發展為一套有相當功效、也有一定局限性的醫療方法。

和傳統醫藥平行的另一套醫療方法，則是針灸之學。早在新石器時代遺址中，就曾出現，用尖銳的石器，作為醫療用具的遺跡。在日常經驗之中，每個人都可能經歷過：身上某一處如以尖物碰撞，就會發麻。這一現象，當然是因為偶然，以尖銳的物體，碰撞了某處神經的節點，產生了痛感或麻感。針灸之學也許就從這條線索，逐漸開展的醫療方法。

中國針灸之學，雖然也以五行觀念為基礎，然而其理論假設，則是所謂「精、氣、神」的觀念。自古以來，對於這三個名詞，有不同的理解，此處，我們無法在此仔細討論。王陽明的觀念，在「傳習錄」中他認為，精、氣、神只是一件事：「流行為氣、凝聚為精、妙用為神」。簡單地說，我們可以理解為：「精」是生命的本體，「神」是生命中呈現的理性和感性，「氣」則是將生命之力量，有些人稱之為能量，分布於各處。人身體各處的生理反應和人的行為，其實都與神經系統有關。另一方面，血液和淋巴液周流全身各處。人的整個身體，是幾個大的循環系統疊合，才有各種器官之間，許多結構性功能的配合。中國的針灸，主要就是要認識和控制各種流轉的「氣」。今天研究針灸的現代學者大多數認為，針灸的穴道系統與神經系統有密切的關係；也有些學者認為，淋巴液的周流與血液的周流，也是針灸處理的對象。我們至今還無法確認，上述諸說孰是孰非。尤其，淋巴液並沒有一定的管道，如何認識淋巴液的所在和流動的路線，其實相當困難。

中國針灸之學，主要是要尋找和刺激穴道，以此來調整人的身體機能。在漢代，針灸學者大約已經認識一百八十個穴道。到了今天，據說已經找出的穴道有七百多個。穴道不斷增加的過程，大約是從偶然發現經由不斷地驗證，確認新穴道的所在的過程。針灸醫師有一個特別的名稱「阿是穴」，「阿是」乃是江南方言「是不是」；也就是說，醫生碰到了一個穴，有了反應，就問是不是這裡？逐漸累積，醫者認識的全身穴道，就不斷增加了。

人體穴道，從頭頂上的「百會穴」，到腳底的「湧泉穴」，在今天一般的醫書和「銅人圖」上，大概確定的有三百多處。從這些穴的名稱，有的稱為「關」、「門」、「口」，有稱為「府」、「庫」和「海」、「澤」、「池」：種種不同的稱謂。這些名稱串聯在一起給人的感覺，人的身體儼然是個立體的地圖：有的是某種物質或能量的儲存點，像「府」和「池」；有的是其通過的關口，例如「關」和「口」；最多的才是「穴」，既是儲存基地，又是可以穿過的通道。在這些交叉點上以針刺穴，就等於在今日公路系統上，於某個地方設了個「改道」的標誌，將交通引向另外一條代替的道路。針灸之學認為，「氣」堵塞即會招致疾病。治病之道，就是必須找一條替代路線，讓堵塞的氣血開始流通。或者在塞車的地方，有計畫地控制車流，紓解阻塞的現象，這是另一種思路。

從如此比喻，今天經常開車出門的人，必定能夠體會針灸之學的理論基礎——也就是拿人體作為一個小宇宙，將大宇宙之中發生的現象，引申為小宇宙中「能量」的流轉。針灸之學的通與滯，也可能由於身體受到外來影響，干擾了原來的流轉系統。例如，多吃了不適合的食物，造成了身體內部累積的營養比例不適當；不適當的行為，也會影響到身體內部的平衡。凡此外來因素，或自己本身內部的反應，都會導致身體各部分的失調而引發疾病。針灸的處理方法，或是疏通身體內部堵塞的管道，或是借用別處儲存的「能量」轉移到病患所在，調整其失調之處。

這一套理論，基本上也建立在人體本身是一個自然平衡系統的觀念之上。在失調的時候，藉由人體本身趨向平衡的能力，矯正身體的偏差，和因此發生的病患。針灸和傳統醫療一樣，都假設人體本身是自足的；即使有外來干擾，也可以人體本身調整，將外來干擾引發的病患設法消除。中國的醫療理論，缺少對於細菌和微病毒的認識。於是，中國醫藥對於傳染病和其他因為感染而發生的疾病，並沒有很好的解決辦法。中國文化中，小宇宙和大宇宙互相呼應，這一個形上學理論，影響中國人身心，也影響中國人的世界觀。

與中國醫藥理論相通的，則是中國的烹飪學。也許從五行觀念中延伸而得，也許是直接體驗得來的經驗，中國的烹飪之道，講究「五味」的配合與均衡。「五味」即是甜（甘）、酸、苦、辣（辛）、鹹，一道好菜需要五味彼此配合均衡，才有味道。「五味」代表了「五行」，又間接說明了人體對於各種營養素的需求。

人類生活之中不能缺少鹽，這是所有人類都有的經驗。早在新石器時代，鹽就是一種商品，從產鹽之地被轉運到各處。人類缺少鹽，也往往設法從動物的血液吸取鹽分——這是五味中最重要的一種。中國古代的甜料，最初並沒有蔗糖：蔗糖是從印度傳播過來的一種調味品。古代的糖料大概是以蜂蜜為主，後來又發展為從各種穀類釀造得來的飴、釀等類甜料（麥芽糖、酒釀之類）。最早的酸，大概是取自青梅和其他酸性的果實，苦則是取自苦菜（茶）之類的植物。辛辣，最初並不包括今天辣椒——這是新大陸培養的一種辣味，要到十六世紀才進入中國——中國本身的辣味，大概以薑為主，也可能包括椒類的植物。到了近代，烹調佐料才大備。尤其重要者，麥、豆釀造的醬、醬油、豆豉之類，成為鹹味的輔助佐料。穀類發酵醣化為甜酒釀，進一步成為酒，酒酸為醋，增加了甘、辣、酸諸類佐料。外來的辛、辣植物，又使得中國人在薑、椒以外多了諸多選擇。

中國的烹飪文化，牽涉到不只是五種味道的彼此調和；對於食料，烹飪文化也應用五分或四分的範疇來解釋和理解。此處，我們引用兩段文字，說明這種對於食料或者味道的分類，以及彼此之間的關係，早在春秋戰國時期已經建構了一套系統。《左傳》中有一段文字，以烹飪與治國的原則相對比，指出五味調和的重要性。這一套系統的基本精神，是指出不同因素之間的配合，遠勝於單獨一種因素的獨占。

左傳昭公二十年，「十二月……齊侯至自田，晏子侍於遄臺，子猶馳而造焉。公曰：唯據與我和夫？晏子對曰：據亦同也，焉得為和？公曰：和與同異乎？對曰：異，和如羹焉，水火醯醢鹽梅，以烹魚肉，燀之以薪，宰夫和之，齊之以味，濟其不及，以泄其過，君子食之，以平其心。君臣亦然。君所謂可，而有否焉，臣獻其否，以成其可，君所謂否，而有可焉，臣獻其可，以去其否，是以政平而不干，民無爭心。故詩曰：亦有和羹，既戒既平，鬷嘏無言，時靡有爭。先王之濟五味，和五聲也，以平其心，成其政也，聲亦如味，一氣，二體，三類，四物，五聲，六律，七音，八風，九歌，以相成也。清濁大小，長短疾徐，哀樂剛柔，遲速高下，出入周疏，以相濟也。君子聽之，以平其心，心平德和。故詩曰：德音不瑕，今據不然，君所謂可，據亦曰可，君所謂否，據亦曰否，若以水濟水，誰能食之，若琴瑟之專壹，誰能聽之，同之不可也如是。」

《呂氏春秋》裡面有的篇文章，則假借商代伊尹的理論，實際上應當是反映戰國到秦初關於烹飪的觀念。這一節之中，牽涉的就不僅是五味的調和，而更強調食料本身的特性，以及各種食料之間的配合。也相當程度地討論到，當時已經使用的烹飪方法。

呂氏春秋，孝行覽，本位：「湯得伊尹，祓之於廟，爝以爟火，釁以犧猳。明日，設朝而見之，說湯以至味，湯曰：『可對而為乎？』對曰：『君之小學，不足以具之，為天子然後可具。夫三群之蟲，水居者腥，肉玃者臊，草食者羶，臭惡猶美，皆有所以。凡味之本，水最為始。五味三材，九沸九變，火為之紀。時疾時徐，滅腥去臊除羶，必以其勝，無失其理。調和之事，必以甘酸苦辛鹹，先後多少，其齊甚微，皆有自起。鼎中之變，精妙微纖，口弗能言，志不能喻。……故久而不弊，熟而不爛，甘而不噥，酸而不酷，鹹而不減，辛而不烈，澹而不薄，肥而不腴。』」

這篇文章中列舉的食料，我們挑選了一些，在今天還見的一些動物、水產、果蔬，該文提出另外一些傳說性的食材（例如，鳳凰的蛋），則不予列入。從水陸葷素種種食材看來，即使當時皇室享用的食材範圍，相較今天也遠為簡單。可是，也有不少食材，尤其是蔬果和配料，還存在於今天日常的飲食之中。至於飯類，卻沒有將麥類列入，也呈現了當時知識的時代性，因為中國人將麥類，尤其小麥磨成的麵粉包括於主食之內，雖已見於漢代，卻在唐宋以後才是更為普遍的現象。

「肉之美者：猩唇，獾炙……魚之美者：鱄，鮞，鰲，鰩……菜之美者：蘋，華，芸，芹，菁……和之美者：姜，桂，菌，醢，鹽，露……飯之美者：禾，粟，穄，秬……果之美者：棠實，甘櫨，橘，柚，石耳……」

從上文的敘述，我們可以發現，烹飪文化中的分類法，是勉強將四分法與五分法合併為一。如前文所述，五分法是和金、木、水、火、土的五行有關，四分法則是與「四方」和「四季」兩種空間與時間的劃分有密切的關係。在上面引文之中，還沒有清楚的呈現兩套系統合併的分類法。在後代有關烹飪文化的典籍，以及近代一些食家和所謂食療的文字中，四分與五分則是平行呈現於食材特性的討論。

秦漢以後，討論烹飪文化的文章也不算稀少，我們無法一一列舉。此處只介紹元代《飲膳正要》和近世中醫主張的食療觀念。一般言之，食療對於食材的分類，分別歸屬於熱、溫、涼、寒這四種特性。這四種特性的出現，與一年四季的氣候變化又互相關聯。舉例言之，在中醫常見的觀念裡，這四個季節成長的穀類和果蔬，就分別具備他們成熟季節的特性：於是，春季早熟的麥子，就具有春天的特性，是「溫」；夏季成熟的高粱和粟稷，就具有「熱」性；秋季成熟的稻米，具有「涼」性；豆類則有

「寒」性。這種分類法所描述的食材的特性，其實與上述四項澱粉類為主的食物，並沒有真正的關係。因此，如此分類，只能代表一種形上學的理念，而並不是實證經驗的結論。

同樣的原則，傳統食材學將水果顏色分成四類或者五類，按照他們成熟時候，來判斷他們的特性。於是，李有春天的「溫」性，杏子有夏天的「熱」性，桃有秋天的「涼」性，栗子有冬天的「寒」性。類似的分類方法，還可以應用在五種動物上，雞肉是「溫」的，羊肉和牛肉是「熱」的，馬肉是涼的，豬肉是寒的。更為奇怪的分類法則是按照顏色，在我們嘗試的範圍中，柑、橘、柚應當是同類的果實，卻因為橘子色紅而將其列入「溫」性，柚子色白而被列入「涼」性，柑類色黃，正在紅、白之間，也就具有中和的特性。這些分類，顯然是一種硬性的分配，並不完全符合這些食物的特性。

針對動物的分類法中，描述雞、牛、羊、豬的特色時，就與這一節的分法完全不同。中國的食療觀念中，往往將肉食分別歸納在水陸二類：陸地的禽獸（雞、鴨、鵝、牛、羊、豬），和水產的魚、蝦、鱉、蟹。將陸產的分類為比較溫熱的一類，而將水產列入寒涼一類。在禽獸之中，又分比較野生的和家畜的兩項：鹿和羊都是在山野之中，是熱性；牛中性，豬是溫性；鵝、鴨野放為多，是熱性，雞都在家中畜養，則是溫和的。顯而易見，這些分法是完全主觀地遷就四季和生長環境，並不是實證的經驗得來。綜上所說，我認為中國的食療學和醫療學密切相關，對各種食物的特性的分類法，與今日從生物化學研究的脂肪、纖維、糖分、維生素等觀念，沒有任何學理上的關聯。這套觀念，毋寧是中國文化中傳統的生態理念，是一種意見，而不是學術研究的成果。

這些分類法，在日常生活之中時時可見，也正反映中國形上學理論的一套理念，已經深入人心，成為日常經驗的一部分。類似的觀念，從飲食習慣中也可以覘見。我的長輩和我這一代習慣中國飲食的老人們，進入餐廳點菜的時候，習慣於點四個菜，相當平均分配於葷素水陸四個類別。同時，平日的飲食，尤其病人和孕婦、產婦的食物，都有一套老人們傳下來的禁忌。

抗戰以前，中國傳統文化還沒有完全消失，而一般的生活條件，也沒有經過戰亂和革命的破壞，至少中產階層以上，還有能力講究飲食方式。在我記憶之中，家常飯菜確實也有四菜一湯、水陸葷素平均分配的習慣。在比較正式宴席上，最起碼是兩套四菜一湯，或擴大為四熱炒、四大菜，就是八菜一湯——凡此，可以不斷擴大為宴席。除了食料的水陸葷素分配以外，還加上蒸、煮、炒、爆……這些不同的烹調方法上的考量。因為烹飪必須加熱，加熱的方法，可以是直接用火（烤、烘、燒、熏、炙……）；間接的加熱方法，又可以分為以水加熱（蒸、煮、煨、燉、熬……），以油加熱的（煎、炒、爆、炸、烙……），還有以泥包裹隔熱的間接加熱（燜、煨……）此外，還有涼拌生吃和醃製（鹽醃、酒泡、醋浸、糖蜜、醬製和香料泡製等等）。烹飪佐料的使用，因為選擇多了，更多出來種種配合。大致言之，任何菜肴的製作，無不使用多種佐料，其中醬油的功用尤為顯著。烹飪佐料，似乎也有主、次分別：鹹、甜相輔相成，酸、辣互補，辛、苦陪襯——儼然相當於醫藥的君、臣、佐、使，和合得味。這種種不同的方法，又個別與前面所說的溫、熱、涼、寒等等觀念配套。

中國烹飪文化，在世界的食物加工文化之中，堪稱複雜細緻。其中，一部分原因是歷史的累積，中國各地的產物，因為氣候和水土條件不同，而有極大的差異。到今天，中國烹飪法還有四大菜系，或者八大菜系的分類，或者更多以省份、地區劃分的烹飪種類。中國不斷與各地區的其他文化接觸，常常引進、吸收外來的食料和烹飪方法，累積更多的經驗，整合為複雜的中國烹飪文化。在這整合過程之中，由於中國醫療文化的大、小宇宙互相映射，本章所敘述的範疇理論，也就成為組織這種複雜文化的形上的支撐。

總結言之，無論藥療、針灸、烹飪，中國文化都根據四分、五分……種種多元因素或成分之間，彼此互動、互相補助，發展為複雜的動態系統。中國人在日常生活中，此處體現如此多元互動的變化。這是中國文化特具的宇宙觀，和生活態度——一種與世界別處文化迴然不同的觀念和態度。

第五章

永遠變化的宇宙

本章是以中國傳統經典《易經》呈現的世界作為主題，以反映中國人所持有的宇宙永遠變化的觀念。《易經》這部書，在中國的十三經中具有特別的位置。雖然儒家的理論，把易經當作周文王撰寫、孔子加以解釋的一部儒家經典，實際上易經所討論的占卜方法，其來源更為久遠。中國古代史的讀者都知道，殷商時代就有占卜的方法：在牛骨和龜甲上燒灼裂痕，然後做出預言判斷吉凶。這一套方法的實物證據，就是殷墟和其他殷商時代遺址，不斷出現的許多刻有卜辭的甲骨片。然而，從左傳和國語中我們常看見，通過甲骨進行占卜只是預言方法之一；另有一個與此相配的方法，則是易經所呈現的筮法。卜法和筮卦兩者並行，互相驗證。二者之間，似乎骨卜的權威性較高；而筮卦的預言書，卻有更詳細的解釋餘地。

這兩個占卜預言的方法，在我看來，可能代表兩種文化各自發展出來的預言術。筮卦可能發生於殷商以外的地區，其辭句呈現的自然景觀，似乎是有高山，山下還有谷地——不是一個低窪的峽谷，而是沼澤形態的積水草地。《易經》爻辭所提的現象，包括馬隊和迎親部隊，也提到以羊為食的烹調。這種景觀和文化形象，可能是在今日陝、甘二省一帶，有高聳的雪山，也有雪水融化後流到平坦地方形成的草地。新石器時代以來，這一地區有相當獨特的文化，而且是長期維持農牧並重的生活方式。

這一個地區，也恰是周人和他們的盟友姜姓所在的地區。既然傳說中周文王和易經有關係，我們固然不必認為周文王是易經的作者或者改編者，卻也無妨將易經的筮卦預言，看作中國西北部發展的預言術。

易經的占卜，是以四十九根筮草，經由三次撥分為二，然後最後得到的一部分，或者是單數，或者是雙數。（今天的卜卦，有些人不再用筮草，改用擲筊或金錢，以其正、反面代表單、雙數。）單、雙數配合排列，構成易經的圖像——亦即以單數，作為一個長橫的陽爻，以雙數作為兩條不連續的短橫，就是陰爻。以一長、兩短橫的重疊，可以有四種重疊的方法；如果以三層堆棧，就有八種可能性，這就是八個卦的名稱。

前面所說的八個基本卦：乾為天，坤為地，震為雷，巽為風，坎為水，離為火，艮為山，兌為澤。乾和坤分別代表陰性和陽性，正面和負面，積極和消極，主動和被動；同時，單純的乾代表男子，單純的坤代表女子。（這種觀念，當然是在男性主導的社會呈現的現象，今天不足為訓。）除了乾、坤以外，還有對立的山（艮）和澤（兌），風（巽）和雷（震），水（坎）和火（離），這四對都是兩分的對立。然而，陰陽是要配合與協調才能達成統一的。水火既可以互濟，也可以互剋；風雷是對設的，雷是從地而起，風是從上而下——請想像在廣大的草原上，氣候劇變，颶風從上面颳下來會有一聲霹靂，好像上下對抗；風雷並起之時，就會大雨疾降，又是一個衝突與互濟。山是高聳壯偉的，澤是山下面很寬廣的基礎：沒有澤的低平，就無法顯示山的高聳；沒有高高聳立的山，澤也無法聚集那麼多山上流下來的雪水。這四對相反相成的因素，還可以繼續組合出無窮的變化。

用現代物理的力學觀念解釋，乾、坤與艮、兌，這兩對四卦都具有位能；他們位置的轉換即可產生能量，導致變化。震、巽與坎、離這二對四卦都具有動能，介入他卦，也會導致變化。八卦的排列組合，即可導致三百八十四項「形勢」，呈現相應的個別變化。

從前面附圖可見，乾坤等等八卦的名稱，和他們的組合方式。更進一步，如果上面八卦中兩個卦疊在一起，就有六層的長線或者短線，總數就有六十四個卦象，這就是更大的分類群體。

易卦的卜卦，要在這六層之中找到對應的某一層，作為預言的現象依據：這個可供選擇的群體，就有三百八十四個個別的現象。易經的內涵，就是根據這三百多個現象，結合更為具體的個別事物給予一個說明，或者是好，或者是壞。說明的時候，有所謂爻辭舉出一些例證，以代表這個現象。這六個層次裡邊的某個層次，從下開始往上走，是未來的發展方向。於是，一個爻就是這一個層次代表的現象；將來如何發展，也可以看得出一個趨勢。筮卦更進一步，還可以將六十四卦中的某一個卦，和另外也找出來的卦彼此聯繫，使得某個卦象裡的某個爻辭所代表的情況，又有了更多可以作為預言的參考。換句話說，這是一種二進制的數字，跟我們習慣的十進制不一樣，倒是和計算機今日的方法相當一致。三百八十四種不同的現象，確實也可以包含許多人類生活中，可能發生的情況。

易經是討論變化的經典，自古以來，對於「易」這個字有三個解釋：一個是經典本身；另一個是「變易」，也就是變化；第三個是「不易」——一切變化都在不斷進行，但是一切事物都是不斷變化的這一「現象」，卻是永恆不變的。易學的學者們常以蜥蜴作為「易」的原稱，蜥蜴是不斷變顏色的小爬蟲，正是借喻易經所說的變化現象。

一長畫、兩短畫的代表符號，也曾出現於新石器時代陶器的壁上或邊緣。張政烺先生認為這些符號代表著某些訊息，他花費近二十年之力，一直希望能夠解讀這些符號的意義，他半生努力卻沒得到結果。究竟這符號，是代表一種隱喻的暗碼，還是代表一串數目字？這些數目字又代表什麼意義？我們至今還無法解讀。我特別提起張先生終生努力嘗試解讀的卦辭現象，則是希望有朝一日，我們能夠解讀這些暗碼。而在目前我們只能說，易經中的暗碼言詞簡單而曖昧，留下許多空間，讓解讀爻象者自己來理解，對於預言的疑問才能有切合具體情境的解說。

以乾卦為例，在易經中乾卦是第一卦，代表的爻像是六根長線，分成兩階，有六個層次。下面就是對乾卦的說明：

卦辭

乾：元，亨，利，貞。

彖曰：大哉乾元，萬物資始，乃統天。雲行雨施，品物流形。大明始終，六位時成，時乘六龍以御天。乾道變化，各正性命，保合大和，乃利貞。首出庶物，萬國咸寧。

象曰：天行健，君子以自強不息。潛龍勿用，陽在下也。見龍在田，德施普也。終日乾乾，反復道也。或躍在淵，進無咎也。飛龍在天，大人造也。亢龍有悔，盈不可久也。用九，天德不可為首也。

爻辭

初九：潛龍，勿用。

九二：見龍在田，利見大人。

九三：君子終日乾乾，夕惕若，厲無咎。

九四：或躍在淵，無咎。

九五：飛龍在天，利見大人。

上九：亢龍有悔。

用九：見群龍無首，吉。

從第一層的初九，到最後一層用九，「乾」代表的是剛和健的力量，所謂自強不息。爻象所呈現的，也是從潛伏隱微的龍，逐步進入田——就是原野，然後進入淵，這一路都是好事情，而且得到重要人物的幫助。第五階的時候，已經是飛龍在天，氣勢非凡。然而，到了第六階卻是亢龍有悔，也就是到了盡頭，太強、太盛了，已經沒有進展的餘地，物極必反，成為一個難局。在中國一般的理解是，一個人占有順勢的時候，做一切事都順勢；可是到了登峰造極的時候，往往卻悔不當初。這個境界，是只有往下塌，沒有再上爬的空間了。於是，總結的建議則是群龍無首——讓許多大龍同時存在，不要獨占唯一的優勢。乾卦代表的意義，在中國人的心目之中，是對於進取心很盛的人物，給他一個警戒；讓他知道登峰造極的地步，也就是無路可走的境界。

再以第二十三卦的剝卦為例。剝卦是一個非常凶險的卦，陽的力量幾乎已經沒有了，整個卦象顯示陰的力量非常強勢，每一步的發展都是不利的。它代表的是失落，山也塌了，地基也不穩。可是壞到盡頭處，卻是轉機所在，因為已經不能再壞了；不能再壞的關口，就是可以再起的機會，所以一個君子，作為一個有用的人，這時候不能放棄、或是沮喪，必須在此尋找機會，堅持以正道進行，下一步才可以轉為復卦。

最後，在上九的階層，是最後一卦的總結：君子已經有車可用，就可以繼續往前進行，不會困於原處。所以一步一步的失敗，最後繼續進行。這一卦的用意，也正好是乾卦的反面，警戒世人最不幸的情況，卻可能是轉好的機會。

六十四卦的排列，可以組合成為一個多角形的圖案；似乎在較早期，各卦排列的方式是一對、一對的，相對而又相成的諸卦，放在對角線的位置。例如，乾的位置是在右上方的東北角，和他對稱的坤，則放在左下方的西南角，其他各卦都是如此安排。這種安排方式被稱為伏羲卦，後來改為文王圖，強調是在相對和相成的兩分辯證。後來，改排成為反時鐘的方向，以相對相成的兩卦前後相接，整個的排列則顯示了吉凶更迭、成敗交替。例如，乾和坤一陽一陰，彼此相背而又相成，剝、復，損、益等等，起伏翻覆的現象同樣如此。整個的卦盤，顯示了變化的方向。前面附圖顯示的太極圖，是二魚追逐的圖案，充分表達了不斷轉動的變化。而且，黑白分別所占的圖面，無法截然區分為半黑半白，如果從圓心，拉出一線循著圓周移動，在這在線沒有一處是全黑或者全白。這就意味著黑和白之間的轉移，不是忽然而起、戛然而止，黑中都有白，白中都有黑：這正是兩元辯證之道。黑白顏色轉變，都是預先埋伏在未變之先。

易經的命名，如前所說有一層意義是「改變」——也就是永遠不斷地變化。不僅各卦之間有卦變，每一卦內部從底線到頂線，也是陰陽交錯替換，表達了兩元之間不斷的轉換，說明這兩極之間的動盪。

易經的筮卦原來是作為占卜之用，各卦所陳述的現象，也許都是一個過去曾經發生的個例——以一個符號，來代表那一類現象和情況。占卜到那一類現象，就作為面前要處理的疑問，以曾經發生的案例作為參考，甚至於據此預測其可能的後果。這一條途徑，就是易經所謂的「象數之學」；另一條途徑，則是通過總結過去許多成敗興衰的個案，歸納出一套個人應當趨避的選擇路徑：這就是所謂「義理之學」。易學向來就是這兩個方向。由於古代筮卦的作用，確實是為了預占吉凶，所以象數之學是更為原始的面貌，義理之學是後來的延伸。

和易經類似的象術學問，還有我們稱為風水的堪輿之學，和數字安排的奇門遁甲之學。這些科目，我們也許能稱為真正科學發展以前的一種思考。有人稱它們是「偽科學」，我以為用「前科學」或者「擬科學」來看待它們，可能比較適當。

先說堪輿之學，乃是一門以地理形勢和人類生活相配的方術，我們也許可以稱之為原始的地理方位學。中國在地球上的地理位置和其所處的地形，決定了人類要以何種居住方式與自然配合，才可以獲得安全和舒適。以中國在東亞大陸的地理位置而論，北面、西面高，東面、南面低。秋冬以後的西北寒風，尤其冬季的西北冷氣團，可以為中國的北方帶來寒冷的天氣；春夏從東南吹上來的季風，則帶來潤濕的空氣——中國的南方氣候溫潤，北方也得到足夠的雨量，植物才能成長。再以中國的地形論，從西北向東南傾斜，山坡南面和東面有高地阻擋冷氣，居住條件比較舒適。春夏雨多，河水上漲，離河太近的地方可能會遭逢水災。在這兩個條件配合之下，中國人建築房舍，甚至構建村落和市集，都會選擇在山的東方和南方，卻離水較高的河邊或湖邊。

考古學上，在黃河流域的新石器時代遺址，通常是出現於兩河相遇或是河流轉彎處，建築在離水稍高的二層臺；而二層臺的位置，卻是背對著西北、面向著東南。這種對地理條件的認識，必定是經過長期經驗累積，古人才知道怎麼樣找到合適的地點建構家屋。在北方黃土高原上開挖窯洞居住，幾乎所有的窯洞都是在南坡上，向黃土層挖掘而成的洞穴。窯門外面，面向南方或東方之處，有一片比較平坦的地區，是活動的空間，也是家門口種植瓜果蔬菜的農地。這些考慮，實際上就是堪輿之學的原始實踐。在古典文獻上，第一次出現這類經驗的具體體現，乃是「詩經」：「篤公劉，既溥既長，既景乃岡。相其陰陽，觀其流泉。其軍三單，度其隰原。徹田為糧，度其夕陽。豳居允荒。」（詩經：篤公劉）陳述西周滅商之前，選擇適當地點居住，在今日洛陽附近建設成周。定位該地也是考慮到離水近，又有高地足以擋住寒風，能夠開闢田畝。

歷來帝都的宮殿，都是南北一條中軸線，愈在北方的宮殿，必定地勢更高，逐步向南，一進、一進往下降，直至較為平坦的平地。這種考慮，也是將門戶的出入放在南邊，高大的北邊殿堂可以擋住寒風。皇室的陵寢也是如此考慮，北京附近明代的十三陵，都安置在一個背向西北、面向東南的山谷中。清代的西陵是處在一個群山圍繞的谷地，進入谷地的入口，是兩山重疊之中的一個狹道。迴旋而入，寬敞的山谷在這個螺絲狀的谷地內，所有的寒風都被擋在外面；四周山地的流水，卻是灌注谷中，因此谷內的樹木鬱鬱蔥蔥。

凡此考慮，當然都是由地理專家選擇適當的地點，規畫最為合理的居住條件。他們的理論，則是將大地山川看作有機的生命體：山脈被視為一條委婉曲折的龍，河流本來就是流動的，山川的配合，猶如陰陽的互補和互濟，可以構成很好的平衡。所謂堪輿之學講究龍脈的委宛連續，雖有中缺，卻隱然相連並未切斷，這種龍脈是活的，具有一定的活力和「能量」。河流亦復如此，必須是流量穩定，既不會暴漲、也不會枯竭才好。還要講究南方為陽、北方為陰，北方居高位、南方居平地。在這些條件配合下，我們當然可以理解，為什麼一個城市或村莊，都會在山水相接之處；而在自然條件許可下，也必定是坐北朝南，不得已時，也大都是坐西朝東。如果是比較平坦的地面——平原或是臺地，沒有顯著可以依靠的山嶺，則在居室附近往往有人工挖掘的池沼，作為一個村莊的水源，或者有一口大井作為村莊的活動中心。而以房屋連貫圍繞水源地，創造一個陰陽配合的空間。皖南的農村，頗能代表這種安排的方式。臺灣桃園一帶的客家農莊都有水塘，星羅棋布，成串的農家聚落，配合成一個特殊的生活環境。這種水土互相配合的安排方式，其實也是保護天然環境的巧妙設計。

選擇陰宅——也就是死者安息之地，除了考慮地面上的位置，還必須考慮地面之下，是不是乾燥？是不是穩定？所以，選擇墓地的條件，就要考慮到「巒」（山脈）、「沙」（底層土質）、「水」（地下水）以選佳「穴」（墓址）。經過如此揀選出來的墓地，才不會因為滲水或是塌陷，影響到死者的安寧。選擇墓址，除了盼望墓主安息不受災害，今天選擇墓地的堪輿之學，更認為佳穴得天地靈秀之氣，可以為兒孫造福。因此，風水先生往往提到一些特殊的術語，例如「牛眠之地」或是「鳳鳴朝陽」

等等名稱，其實不過是隱喻後世子孫獲得福蔭而已，才將當地的地形比附佳兆，以為選擇地點的參考。

現代人生活在城市之中，住在高樓大廈，很難再用過去風水的方式挑選房屋。在民間，居然發展出了現代的風水學。風水師會對公司行號或是住家選擇地址加以考察，注意「路沖」或是「背向」——例如，房屋不能對著馬路來路的方向，避免路上的交通直向房屋衝來；還要避免房屋擱在大廈的後面，阻擋了對外的接觸。在幾間房間之內，風水師也會建議房主注意流動的方向，即所謂「動線」，其考慮的思路，基本上是在內部安排一個比較順暢和和諧的局面：辦公桌的位置基本上不可以面對著房門，也不能背對著房門——面對著房門等於暴露，背對著房門是內外不通，諸如此類。還有一些小花招：店家或是餐廳最好有一個魚缸，其中最好是有金魚，水取其流動是招財，金魚更是金錢的象徵。有些廣東的店家，可能在室內放一盆小橘子樹，取其「吉利」。風水師最普通的建議，是在房內或是門邊、窗後，懸掛簫、笛，取其「和諧」。這些考慮，其實已經脫離了上述的八卦和堪輿的基本數字和圖形觀念。凡此引申，都是從常識的範圍之內，借用風水的名義，布置一個比較安適平靜的環境。

至於方位，也如上所說，東西南北方向都具有特定的意義。在選擇方位的羅盤上，八卦的方位就是八個方向：東、南、西、北，東北、西北、東南、西南。高和低則是八卦圖的陰、陽，陰陽既要判分又要融合，八卦中間的太極圖，也正是這種條件的象徵。因此，堪輿之術——也就是地理方位之學，在發展的過程之中，「八卦」就成為非常方便的符號工具了。

至於奇門遁甲之學，自古以來被看作神祕的法術，用之做預言，也可能用來作為計謀。我自己對於奇門遁甲並沒有研究，只是請教過科學史家何丙郁先生，承蒙他指點：奇門遁甲與「幻方」或是「魔方塊」，有相當的關係。誠然，奇門遁甲的書籍，幾乎都在開章明義時就以「洛書」——那個九宮的「魔方塊」——作為起點。這一最初級的「魔方塊」，以五據中央，從一到九各自安放在四格乘四格的方框內。無論是直線或是斜線，都要經過五，三個數目字的總和都是十五。如此「魔方塊」，在以十進制的數字系統內，是種非常巧妙的安排。中國的數目字是以十進制，可是又有以二進制安排的八卦。洛書，既可容納二進制和十進制，又有九宮格的三、三相乘，因此，這一「魔方塊」幾乎容納了所有十進制以內數字的配合。

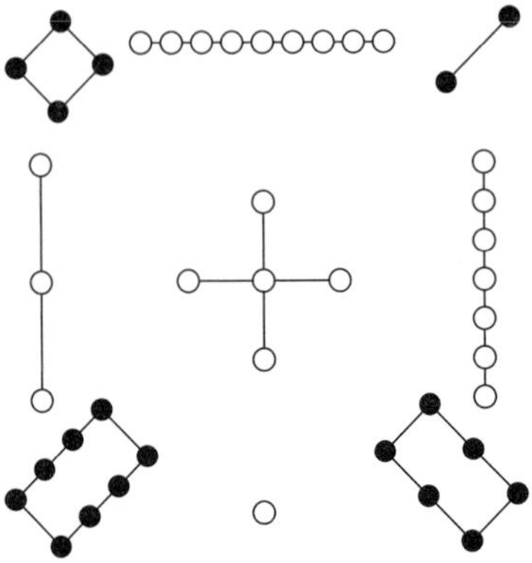

九宮

4	9	2
3	5	7
8	1	6

洛書

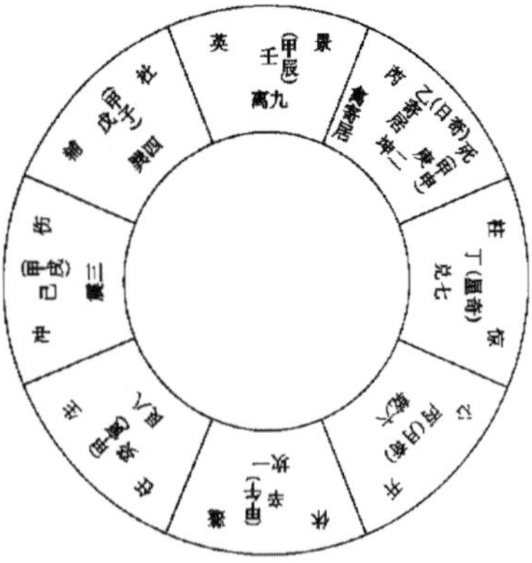

戊寅日陽遁四局地盤

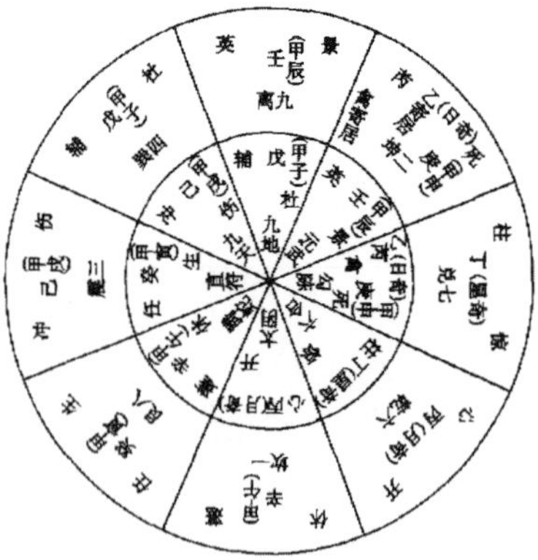

戊寅日己未時陽遁四局

在數學觀念還在起步初階，人類對於數字互相配合的關係，會因其巧妙引申為神祕。大家都知道，西方有「達芬奇密碼」，一個正三角形和另一個正三角形相對地疊合，構成了外面六角、內面六邊的幾何形體。這個符號，其起源乃在兩河流域，以一、二、三相配構成的六進位作為根本。基督教的教會，繼承了這個古代的神祕符號，認為這個符號本身就具有奇妙的功能。又例如，希臘幾何學從「勾方＋股方＝弦方」的直角定理，引申為後來數學、幾何學和圓周率的研究。但在畢達哥拉斯的時代，「勾股定理」本身被當作是可以探索宇宙奧祕的入門。中國的「魔方塊」也正如上面兩個中東和西方古代文化的例子，在中國的科學發展史上有其一定的地位，也卻也長久陷入前科學階段的方術。

中國洛書的「九宮」雖是一個四方形，因為八卦和太極配合，後來卻是以圓形作為最常的表現方式。圓形是可以旋轉的，內部九宮的位置也可以移動。因此，圓形的表現方式，將方形的固定轉變成為無窮變化的圓體。奇門遁甲的巧妙，就在整體不斷地變化，內在各部分之間也不斷地變化。何丙郁先生就曾經將中國曆法和季節的變化，套疊在奇門遁甲的圖案之內，以理解傳統年曆學，如何安排各種長程、短程的週期，利用這個簡單的圖形作為檢索數據以及運算的工具。

傳統上，奇門遁甲之學可以用於戰陣。三國演義是中國人喜愛的小說，羅貫中將諸葛亮描述成一個像魔法師一樣的軍師，他的戰略和戰術都是奇妙莫測。從那書開始，諸葛亮的形象，是一位穿著八卦袍的術士。他安排了八卦陣，在傳說中有神妙的功能，幾堆石頭可以變成一個魔陣，使千軍萬馬陷入其中。這個小說與奇門遁甲的術士形象相疊，模糊了奇門遁甲「前科學」的特性。讓我們回到諸葛亮的軍事謀略，從那個起點設法重建所謂「八卦陣」的意義。中國的幾部古老兵書，《六韜》和《司馬法》，都討論過軍隊的行動，既涉及安營紮寨時各個戰鬥單位之間的關係，也涉及戰爭開始後這些戰鬥單位彼此的配合。出入進退，都必須有適當的計畫，也要留有充分的變化空間。在「三國志」中記載，諸葛亮死後，司馬懿巡視他留下的營地，對於諸葛亮營地內外的安排十分佩服，認為是天下奇才。

從這個角度看，我們也許可以理解，一個「九宮」的八卦陣，可能就是將中軍大寨放在中央，前鋒、後衛、左右兩翼，分屬四個方位，而四個角落則是裨將帶領的遊動單位。在紮營時，各個單位之間有連接的通道，但也可以隨時封閉攔截侵入的敵人。部隊移動進入戰場，並不必需從同一個門出發，可以各自從三、四個不同的方向分進合擊，執行分配的任務。諸葛亮的時代，作戰的部屬已經不是單兵作戰，也不是某一種兵種的獨立作戰，而是許多不同兵種聯合作戰的整體。例如，諸葛亮曾經發明強力的「連弩」，可以一弩連射數十桿弩箭——這種安置，必須以車輛作為發射臺，車輛既要有人推動，也要有步兵保護。車兵、騎兵和步兵，三種作戰單位，各自具有一定的位置，作戰時也各有互相掩護和配合的作用。這些在紮營時的「靜」，和作戰時的「動」的種種需求，可以在八卦陣內一氣呵成。

諸葛亮多兵種的戰術，在當時或在後世，都被當作是奇妙的安排。奇門遁甲也就成為傳說中，諸葛亮戰術的依據。奇門遁甲號稱是可以用於治國，也可以用於經商貿易的學問。其實，無論是治國或是經商，也都與戰陣相似，必須「靜」「動」各種因素的互相配合，才能運用各種資源發揮出最大的功效。從諸葛亮的戰術上，也未嘗不可引申為許多其他的策略。綜合言之，奇門遁甲本身有其「前科學」的探索，因為其著重在各種變化的疊合，卻也無妨逐漸發展為某種數學，或是可以發展為策略。

後來，奇門遁甲發展成為道教符籙派的法術。這一派道士，經常號稱能夠運用符籙拘神遣將、役使妖鬼。在許多符籙之中，有一個常見的「符」，即是將九宮幻方：其中從一到九的連線，拉成一串類似草書的圖形，道士們認為這個簡單的圖案，具有幻方一樣的神祕力量。九宮、八卦陣這一類的陣法，也可以作為驅使鬼神的大陣，以種種道具象徵虛擬的陣容，安置天神、天將布成天羅地網。最常用的天神、天將，也是按照八卦的方位排列，四面八方的神明以及二十八宿的星宿等都在陣內，各有指使。擁有法力的道士也可以憑藉這強大的陣勢，為人間驅除災害，保有四民的平安。在我青少年時，家鄉的道觀每年會有聯合舉辦的盛大典禮，成為護國佑民的禳祭。我印象之中最盛大的一次，是在抗戰勝利之後第二年，大家希望從此有個安定的歲月。在無錫，不僅有當地的道觀參與，而且邀來茅山派很多法師，舉行了盛大的典禮。最難忘者，他們舉行了一次「十番大麯」的演奏會，這可能是民間道教，最後一次將古樂納入宗教儀式。這些古曲今天是否還有人保存，就不得而知了。當然，這種在宗教儀式內，容納了文化的傳承，文化只是一個民俗信仰的附屬品。

以致今天，中國的民間宗教利用打卦以預測吉凶，還是常見的行為。這種宗教信仰，與巫覡的功用相當有關，幾乎各種廟宇都有抽籤的籤筒，可以讓信徒詢問吉凶。世事複雜，各種發展方向都有可能，豈是擲筊、打卦就可以得到解答？以易經本身在古代預測的功能而言，左傳、國語記下了二十三件歷史個案，筮卦得出來的預言，和實際情況的印證。審視這些個案，我以為，頗有預言的個案其實與實際的發展並不一致。舉例言之（左傳昭公七年）：衛國的兩位公子，都有可能繼承國君的位置，對這二位公子的占卜都是正面的：「建侯」。但是不可能兩者都得到君位，應當只有一位的預測是對的，另一位的預測就錯了。又舉另外一個案子（左傳成公十六年）：晉、楚之間發生戰爭，晉國的預測是勝利，結果晉國戰敗了。筮卦的史官解釋：勝利的吉兆，指的是對方的勝利。這種立場顛倒的預測，豈不顛覆了原來的目的？諸如此類，自古以來所有的預言，能夠準確一半就是相當不錯了，哪有象數之學，可以真正地使易經成為中國的經典？

綜合太極、八卦、堪輿、奇門，這些民俗的運用，中國傳統社會的民間，將數字與圖形組織為一個宇宙模式。這個模式，表達了傳統社會對於宇宙的認識：那是一個巨大的系統，內部都有數字和圖形構成其部分，以及部分與部分間的連線。這個網絡系統，內部不斷調節各部分的關係，對外與天、地、人三個大系統，也不斷彼此協調。變動的過程中，會產生「運」和「勢」，這都是具有能量，足以影響我們的生活的狀況。因此，這一類的民俗信仰，都趨向於以掌握這些神祕力量根源——也就是數字和圖形，求取人生在「運」和「勢」之中，取得最大的福祉。這些觀念是信仰，卻不是理性的推論。中國民俗信仰這一特色，和猶太—基督教將宇宙一切的變化歸之於神的意志，兩者之間有極大的不同。猶太—基督信仰中的神有自己的意志，以支配宇宙；凡人無法測知神的意思，只有對神完全的信仰和順服。中國人的觀念中，宇宙運行的「運」和「勢」，卻是取決於系統之內和系統之間互動的結果。「人」如果能夠掌握「運」和「勢」的大方向，也能夠順勢而為，「人」就可以獲得宇宙能量賦予的最大福祉，也能避免宇宙能量可能造成的災害。正如前面所述，這一套思維方式乃是「前科學」的，至多只能說「擬科學」。民俗信仰本身的行為基礎，和太極、八卦那套玄學的推演過程以及基本假設，也有相當的不同，二者之間並非一致。

從義理之學的方向討論，世界的成敗興衰，確實值得我們警戒。易經呈現的總體形象讓我們認識到：成功不會持久，失敗也有回頭的機會，當事人自己的作為，相當程度地決定了未來成敗的方向。據說孔子晚年對易經特別有興趣，他對易經的了解，似乎是在從成敗吉凶現象提醒人們：有若干行為模式，是會引向好的結果；而另外一些行為模式，則是會招致失敗。

孔子在《繫辭傳》裡說明文王興易之後，即從六十四卦中選出九卦，教人自修其德，以防憂患於未然。這九卦就是：天澤「履」，地山「謙」，地雷「復」，雷風「恆」，山澤「損」，風雷「益」，澤水「困」，水風「井」，以及隨風「巽」。九卦的精義，孔子在彖傳、象傳裡各有解釋，《繫辭傳》又特別說明：「是故『履』德之基也，『謙』德之柄也，『復』德之本也，『恆』德之固也，『損』德之修也，『益』德之裕也，『困』德之辯也，『井』德之地也，『巽』德之制也。」這一節，孔氏正義說：「明九卦各與德為用也。」漢代的易家，象數之學頗盛。王弼以後，義理之學是儒家易學的主流，主要的方向。儒家以世間事物發展的方向提醒大家，要以謙讓謹慎面對勝利，以堅毅忍耐面對困境。

相較於儒家理解的易學，道家卻提出不同的想法。他們認為一切變化的原則，應當是思考的第一步；至於修德的「德」，尤其依據「德」而發展的行為模式——「禮」，終於只是「道」的延伸而已。所以，老子《道德經》第三十八章說：「失道而後德，失德而後仁，失仁而後義，失義而後禮。」

我有一位老朋友裴德愷，從《道德經》中，抽出十句名言，當作道家處世態度的形上學依據，和行為模式的指針。這十句話，排列如下：

1、道可道，非常道。名可名，非常名。無名天地之始；有名萬物之母。

2、有無相生，難易相成，長短相形，高下相傾，音聲相和，前後相隨。恆也。

3、治大國，若烹小鮮。

4、禍兮福所倚，福兮禍之所伏。

5、天下難事，必作於易，天下大事，必作於細。

6、人法地，地法天，天法道，道法自然。

7、上善若水。水善利萬物而不爭，處眾人之所惡，故幾於道。

8、道生一，一生二，二生三，三生萬物。萬物負陰而抱陽，沖氣以為和。

9、禍莫大於不知足；咎莫大於欲得。故知足之足，常足矣。

10、知人者智，自知者明。勝人者有力，自勝者強。

其中第六、第七這兩句，正是易經取象自然的說明；第八句幾乎就是說明陰陽二元，而又將二元結合成卦象的三線，然後以三線組織為六爻，表達代表萬物的種種卦象。至於其他各句，尤其第二、第四、第五和第九、第十各句，相當具體地歸納了易經中，係於成敗吉凶的應有態度。我以為，老子對於易經代表的象數之學，轉變為義理的原則，較之儒家似乎更為契合。老子「道德經」認為：道，應當是代表變動的原則；德，應當是各個變動因素的屬性——兩者相合，才有變動的現象和過程，這應當就是易經本身陳述的主體。老子的身分據說是柱下史，也就是史官。本章前面曾經提到，左傳和國語有二十多條有關易經占卜的討論，那些參與討論者，幾乎都是祝、宗、卜、史一類的人物。假如老子是史官，他也會熟悉於易經的占卜及其解釋。那麼，老子的道德經與易經的關係，似乎真有相當一致之處。

莊子是道家的另外一派，《莊子》一書的核心思想，可以齊物論和逍遙遊作為主體。他也注意到世界萬事、萬物變化不居的過程。可是，他的論證和老子很不一樣，老子著重在正反之間的辯證關係，所以柔弱勝剛強，而「無」在「有」之先。莊子從齊物論的立場，卻是以為一切變化之後，呈現的異相雖然各有不同，若是從不同的角度觀察，許多不同的異相也就抹平了。所以，大鵬展翅千里的樂趣，和後院鳥雀跳躍樹枝的樂趣，其實都是一樣的。高聳的泰山，和山下土丘，換個距離看也都相差無幾。八百歲的椿樹，和朝生夕死的蕈類相比，若是從不同時間尺度來觀察，其實未必不一樣。

莊子創造了一批「畸人」，如〈人間世〉中的支離疏和〈德充符〉中的哀駘它、兀者王駘、叔山無趾……都是外形醜陋，而德性高尚的人物。例如「支離疏者，頤隱於臍，肩高於頂，會撮指天，五管在上，兩髀為脅」，我們在現實生活中，很難理解是何種殘缺的病症。又如，哀駘它乃衛之「惡人」，「以惡駭天下」等，強調形與神之間的嚴重失衡。他以為：「故德有所長而形有所忘。人不忘其所忘而忘其所不忘，此謂誠忘。」他所注意乃是「道」與精神的相契，形貌就不在他關注的範圍之內了。這一套說法，也是從齊物觀點的論述：至高至上的智慧，卻與醜陋的形象，可以合而為一。

莊子也認為，智慧來自感官，感官本身卻有其局限之處。他的預言，「混沌」是最原始的狀態：《莊子》內篇〈應帝王〉：「南海之帝為儵，北海之帝為忽，中央之帝為混沌。儵與忽時相與遇於混沌之地，混沌待之甚善。儵與忽謀報混沌之德，曰：『人皆有七竅，以視聽食息，此獨無有，嘗試鑿之。』日鑿一竅，七日而混沌死。」因此，莊子認為，有了感官和智慧，反而失去原始的真相。莊子的說法，較之於老子似乎更為虛無之論，反而將變化的現象，模糊於「齊物」了。

漢代道家另外一本經典《淮南子》，陳述了塞翁失馬的寓言：《淮南子》〈人間訓〉：「近塞上之人，有善術者，馬無故亡而入胡。人皆弔之，其父曰：『此何遽不為福乎？』居數月，其馬將胡駿馬而歸。人皆賀之，其父曰：『此何遽不能為禍乎？』家富良馬，其子好騎，墮而折其髀。人皆弔之，其父曰：『此何遽不為福乎？』居一年，胡人大入塞，丁壯者引弦而戰。近塞之人，死者十九。此獨以跛之故，父子相保。」這一段故事，確實肯定了老子所謂「禍福相依」，又回到了易經陳述的方向。於是，中國的成語之中，就有「慶者在室，弔者在閭」，這種長存戒慎恐懼的心態，何嘗不是由易經直接引申的傳統。

從易經變化的系統論有關的發展，論儒家和老莊的區別：儒家的基本態度，是天行健、君子自強不息，有高度的積極性；但是從易經的變化中，儒家也發覺禍福相依的正反辯證。老子正是從正反辯證，肯定一個原則與屬性互相配合的變化，莊子卻距離易經的傳統比較遠了。容我借用當年胡適之所說的「差不多先生」，這個名稱似乎頗可用來形容莊子的「齊物論」。在「差不多」原則下，正反辯證也變成模糊了；於是，戒慎恐懼的心態，也將無所著落。

到了今天，易經的傳統還是滲透於民俗之中。臺灣的廟宇，幾乎都有抽籤的設備。林衡道先生出自臺灣首富板橋林家，可是並不如一般富家公子，只是享受繁華——他終生的學習興趣，是臺灣的民俗。一九六〇年代，他曾經帶著我和幾位臺大人類學系的朋友們，參觀臺北市附近的廟宇。從這些廟宇的抽籤設備，可以看出其易經的傳統。雖然他們以擲筊代替了筮卜，籤筒裡面的竹籤，則是號稱「諸葛八卦神數」

——基本上是六十四或者一百二十八條，分別代表六十四卦，或者六十四的倍數。（假如按照三百八十四爻之數來設計，恐怕三百多條竹籤的籤筒，重量無法搖動。）以籤筒搖出來的號碼，對照籤簿上的說明，或者釘在牆上的籤條，廟祝會為信者解釋籤條的預言。這些籤條上面的句子，已經不是易經的原句；然而，幾乎每一個竹籤，占卜出來的預言上，都會有禍福相依的觀念，會告訴啟示好運快來了，或者提醒要注意好運後面的厄運。這個傳統深入人心，民間對於自己生涯的規畫和心態的安頓，很受這一類籤條上預言的影響。易經的傳統，於是經過民俗的抽籤方式，深深地滲透於一般小民百姓精神的生活。

對於事物的發展，存有戒慎恐懼之心，乃是中國文化呈現的特殊現象。以西方資本主義文化而論，從宗教改革以後，假如按照馬克思韋伯的說法，新教徒認為自己的成功，是彰顯神的恩寵，神的恩寵不是人能計算。因此，人只有不斷努力積極進取，以求更輝煌的成果。這種一往直前的積極性，乃是三百年來西方資本主義和帝國主義，不斷擴張和成長的主要動力。蒙受神恩乃是極為嚴重的大事，一個好的基督徒，一方面感激神恩，另一方面，卻也必須無時無刻小心謹慎，防備自己踰越軌道。那一防備自己心中的原罪，在神學理論中乃是一種「幽暗意識」。盡力避免原罪的影響，也就相當於中國的「戒慎恐懼」。

新教倫理的這一心態，在資本主義發達到今天的地步，卻已經逐漸消逝。寓居美國幾十年，我看見的常態是：一家企業辦得很成功，於是不斷擴張，擴張到極度反而崩垮下來了。世界的強權，一個霸主接一個霸主，都是到了擴張的極限，崩垮下來了。西方積極進取之心，是強大的動力；可是，西方的精神喪失了自我警惕的「幽暗意識」。如此一來，往往不注意久已埋伏的病根，他們也不會尋找問題根源，而只是處理已經發作的問題。

如上所說，中國人戒慎恐懼之心，反映於成語：千丈的長堤，有一個螞蟻窩，就可以造成潰壞；一座堂皇的建築物，會因為排煙管上微小的縫隙，而失火焚毀。回到諸葛亮，他的一生「淡泊以明志，寧靜而致遠」，這是看盡變化以後，才獲得的智慧：一切都在變化，沒有值得奇怪之處。另一方面，「諸葛一生惟謹慎」，即是終生小心翼翼。「謹慎」二字，我曾經聽嚴靜波先生闡釋說：「謹慎」是「謹小慎微」，也就是注意到事物轉變時，一個小小的變化，這就是「知幾」。真正能辨大事的人，能抓住變化的「幾」，可以趁機開展，也可以及時矯正。這種理念，在中國歷史上，無論公私人物大概都可以從他們身上看出；他們能辨大事，就是因為他們能注意到微小的變化。如此的精神心態，可說是儒家與老子兩種思想的結合。也是易經提示的思考方向：一方面積極進取，一方面謹小慎微，兩者相合相配，反映了中國人辦事業的一種內在的緊張。韋伯的理論認為：基督教新教的教義，有一種內在的緊張；這一緊張心態，成為資本家終生奉獻於事業的動力。中國儒家從士大夫到庶民，其實也都有上述積極進取、謹小慎微的緊張。余英時先生在討論中國的商賈時，也認為他們具有一種韋伯式的精神——他提出的理念，也就是這一類的內在緊張：也許可以說是自我的期許和自我的監督。中醫藥的重要商家同仁堂，有一副對聯：「合藥雖無人見，用心自有天知。」此處的「天知」，其實就是自己良心的監督。本章所提的這些民俗信仰，其實也是一種中國社會內建的機制，表現信仰的儀式和行為，時時提醒每一個人：天理、國法、人情，都是大宇宙中的秩序，人人必須時時持守，不可懈怠。

正因具備如此心態，一些中國老人家，常常在族訓、家訓中，對子孫有所訓示。我們家裡的祖訓：「富不癲狂，窮不失志。」先父將之修改：「得意時莫癲狂，失意時無喪志。」這就將貧富對立，解釋為「得意」和「失意」之間的平靜，也就符合了諸葛亮寧靜淡泊的期許。先母也曾經提起過，舅氏章家的家訓：「人做事，有三畏：

畏天意、畏人言、畏良心。」對自己行為的監督者，就是自己的良心在做主。凡此戒慎恐懼之心，普遍地滲透於中國的精神生活。中國人做事，即使在積極進取的時候，由於這些戒心，往往要及時收斂。也許中國人的衝勁和動力，不如今日的西方文化；然而，中國人可以在自我監督的心態中，獲得一些寧靜和淡泊。當今中國已經深度西化，盼望我們仍舊能夠保留常常反省戒懼的心態，則中國人在舉世惶惶之時，就能留得幾分清明的理性。

第六章

生命存在的意義

任何文化系統中，「人的生命何從何去」，都是一個重要的議題。近代民族學家在記錄和觀察一些當地民族文化時，這個課題，也是他們注意的重點之一：生命從何而來？每個族群自以為自己的生命來自何方？生命是個人的？還是集體的？談到生，也必談到死。死後，生命就消失了？還是歸於何方？到了近代科技發達時，尤其生物的基因和演化的知識比較清楚，可以證明人類身體的某些演化軌跡和規律；同時，也在生命的觀念上盡力探討，討論除了生物體可見的生命以外，那些精神的部分——雖然，這部分到今天還是無法捉摸。一個人的肉體發展到終點，他的物質部分終於分解為原來的各種化學元素；但他留在世界上的記憶，究竟是不是生命的一部分？這一連串的問題，是我在本章中想要提出的課題。然而，「生命」兩個字太複雜，也太玄奧，我不敢期望本章提出的意見，能滿意地回答自己提出來的問題。只盼望在這個課題方面，引發讀者們的好奇和進一步的思索。

本章討論生死問題，當然不在生物意義層面，而在信仰層面，這才是本書精神生活主題所應關心的領域。楊慶堃先生所著《中國社會中的宗教》（*Religion in Chinese Society: A study of Contemporary Social Function OF Religion And Some of Their Historical Factor*，四川人民出版社，二〇一六）一書特別指出，中國的宗教信仰與西方猶太基督信仰的最大差別，乃是在於中國人將宗教情緒以及與其有關的儀式，都融合在日常生活之中。Mircia Eliad曾經指出：討論宗教問題，聖（sacred）與凡（profane）的間隔，是個重要的項目。然而，如楊先生所指出，在中國卻是聖與凡融合於日常生活。當然我們必須理解，中國並不是沒有制度化的宗教，外來的佛教與本土的道教，以及後來的基督教和回教，都是制式化的宗教系統；兩者混合，在各個時期和各個地方，又都有民間的信仰系統，這都是制式化的宗教。只是，在生死方面，中國人將社會的倫理與精神的信仰揉合為一，形成了楊先生指出的融合現象。

我曾經將中國的宗教信仰，界定為神祇和祖靈兩套主題。在生死問題方面，祖靈的成分毋寧更為重要。不過，如果我們回溯到遠古時期，以新石器時代的紅山文化遺址為例：牛河梁的山脊上有女神廟，其中祀奉女子的大小塑像，強調少女、孕婦和老婦三階段的形態於一體，這是代表生殖的力量。下面不太遠的地方，則是一個方圓相疊的三層臺，應當是祭天所在。其附近，又有顯然是族群領袖的墓葬。墓葬和祭壇，都有許多無底的陶製圓管圍繞著遺址，我認為這些陶管象徵著天和地之間的相通。牛河梁遺址的這些禮儀設施，兼具祀天的神祇信仰，和敬祖的祖靈信仰。二者並存，其實一直到後世，都沒有完全分開。下文討論到漢代墓葬中的墓卷，就同時包括生死的延續，和天神與靈魂之間的聯繫。

回到生死問題的主題。中文的「生」字，演化為生命的「性」和姓氏的「姓」。這一個特色，只有象形文字可以清楚明白的顯示；若以拼音文字而論，就比較拐彎抹角，不容易表現生命集體和個體的雙重意義。姓氏的「姓」，從「女」從「生」，說明了生命有親緣的集體意義。我們現在的百家姓——當然已經不只百家了，其實並不只是「姓」而已，其中包括無數「氏」，是「姓」的分支。最初的「姓」，如李玄伯先生指出，其實與美洲印地安人的圖騰意義相當類似，表示這一族群共同稟賦的一些特徵。舉例言之，印地安人的部族，有的自稱為熊部族，有的自稱為鷹部族，自認為是具有神性的熊和鷹的後代，因此這些族群也稟賦了這些圖騰標誌神物的神性。以中國古代的姓而言，渤海地區的太昊姓「風（鳳）」、少昊姓「摯（鷙）」，都是鳥類的名稱，這些鳥類也就是他們的圖騰。所以，《左傳》昭公十七年，郯子告訴魯侯，他們自己的祖先在少昊之時，所有的官稱和部落名稱都是以鳥為名。後來，殷商姓「子」，是一個小孩降生的形象。殷商降生神話，「天命玄鳥，降而生商」，也說他們是玄鳥（燕子）的子孫。其實，朝鮮高麗的好大王碑，也記載其祖先來源是日光映照和鳥卵降生。滿清的祖源傳說，據說是三位仙女在池中游泳，其中一位吞食了一隻飛鳥銜來的朱果，生下布庫里雍順，他就是滿洲人的祖先。

中國古代的姓，姜、姬、姒，也具有類似意義。以姬姓的周人為例：他們的女性祖先姜嫄，踐踏了巨大腳印，因而懷孕生下棄，這就是周人的始祖。到後來，一些圖騰轉換成為部族的代表名稱，這一部族也就繼承了圖騰具有的特性。當然，圖騰的意義，和今天的基因觀念完全不一樣，我們卻也無妨認為圖騰觀念轉化為姓，就隱含了一個族群從開始就繼承——或者他們自以為已經繼承共同的「稟賦」。因此，一個人天生的稟賦，既是集體的，也是個人的。凡此稟賦，有屬肉體方面，也有屬精神方面，後者也許類似我們所謂「性格」；不過在古代，將其歸之於天賦的特點。各處人類社會都會有社群的出現，因為人能在眾生之中居主導地位，就是因為人能合作，結合為巨大的力量。人群的結合方式，以自然生殖單位——也就是夫婦、親子、家庭，——作為最基本的單元，然後擴大為宗族，或者地區社群。只是，在中國的社會結構，大概由於長期以來以農耕為主，安土重遷，家庭擴大為家族也一定是以聚集於一地為基本方式。如上所說，這樣的族群會以共同稟賦，作為群體結合的基本認識。於是，生命的集體性，就落實在社會倫理的範疇之內，也呈現於神祇與祖靈的結合。

殷商考古學的資料，既有墓葬和居住遺址，也有卜辭的文獻數據；這兩個項目配合，使我們對於商代的祖靈觀念，有相當清楚的認識。商代的王室大墓以棺槨為中心，四周圍有殉葬的嬪妃與臣僕，也有全副武裝的衛隊；大墓四周又有整齊排列的武裝部隊，整個陵墓的形制，宛然是往者生前的宮殿或者行帳的格局。陵墓的安排，也是按照輩分共同埋葬於幾個墓區。這是將生前的情況延長到死後，生死之間是延續的。卜辭之中，提到占卜的問題，也經常會將生者遭逢的困難與疑問，藉占卜的手段詢問先王先公，或者要求先王先公的保佑與護持。卜辭之中，也常常提到一種帝祀——雖然我們還不能完全理解，這帝祀的具體內涵——一般言之，大概是以燎火向上天祭祀。如果這種解釋合理，則先王先公就可能代替生存的後裔，向上天的主宰「帝」，以祭祀的方式取得「帝」的護佑。神祇和祖靈，終究還是同被尊敬的對象。

在人間倫理方面，一個族群的延長，是父子祖孫相承的親緣系統。從《詩經》時代開始，中國人對於親子之間的親密關係，就是從幼兒時代的感情成分開展。《詩經》「蓼莪」：「無父何怙？無母何恃？出則銜恤，入則靡至。父兮生我，母兮鞠我，撫我畜我，長我育我，顧我復我，出入腹我。欲報之德。昊天罔極！」

上述《詩經》中的句子，是形容父母撫育、愛護子女的辛苦。如何將這感情，最後移轉到父子倫理？孟子的努力值得一提。孟子所謂四端，認為是人倫理的天性，其中有兩個例子：一個例子是兒子在父母死亡以後，看見父母的遺體暴露腐壞，心有不忍，回去找工具將遺體埋葬；另一例子，則是有人看見幼兒在水井附近爬行，並不因為孩子與自己有任何關係，卻是因為心有不忍，將幼兒抱到遠離水井的安全地方。孟子認為，這種惻隱之心，乃是「仁」的開始。從惻隱之心才延展為羞恥、辭讓、和是非之心，成為仁、義、禮、智的源頭。從心理學上著眼，將心比心，則以生理的親子之情作為基礎，建構人間社會眾人共存的基本原則。

中國人的祭祀儀式，也符合心理學上感情的投射。如《禮記》的〈祭儀〉，形容祭祀時的情景：雖然父母不在了，卻是要遙想父母生前的音容，似乎聽見他們的腳步聲，聽見他們的呼吸咳嗽聲——以這樣的心情獻上祭品、行禮致敬，這才是祭親如親在，祀神如神在，也是將心比心的基本原則。其中，並沒有任何理性的成分，只是感情的投射。

青年人到了十六歲，女子可以出嫁，男子可以進入社會。古代的中國在這個時候，就以冠禮和笄禮以慎重的儀式，改換青年男女的服裝和打扮；借此告訴他們，這是人生一個新的階段的開始，從此以後，他們將如同他們父祖一樣，繼承個人作為社群和社會一員的責任。成年禮的戒持，還會提醒他們不要愧對了父母對他們的愛護、盼望和期許，也不要損傷了家族的聲譽。這種告誡的方式，到今天中國人的家庭，都還是父母叮嚀子女的常用詞句。這些儀禮的基本理念，也就是透過親子之間生理性的延續，提醒他們親子感情的成分，延伸為對社會的責任，既有此刻的參與，也有未來的延伸。

到了老年，身體衰弱了，個人對社會的參與退居二線，將自己的責任交付給子女。以農業生產的情況作為比喻，男子力田（力和田合起來就是「男」），女子安家（女和屋頂就是「安」），這是成年夫婦，構成家庭的基本方式。在人的壯年時，成年的男子推犁——他的老父曾經是推犁的男子，此時改換工作為牽引耕牛，兒子在後面負擔重勞力的推犁。等到這個壯漢自己的孩子大了，少年代替了祖父，擔起引牛的工作；再過一陣，引牛的少年和推犁的父親交換位置，當年的壯漢將推犁的重任交給已經成長的青年，已經將近衰老的自己站在牛前，如同他父親當年一樣引導牛的方向。這一代又一代，繼續不斷，將生產的任務更替交換。在農村社會，老年人的經驗是有價值的，他們知道天時氣候，知道作物生長的情況，這些經驗一代又一代，由父祖傳授給子孫，於是老年人在地方上備受尊敬。老年人的閒暇比較多，他們照顧孫兒，其中不僅有養和護，也有教導和傳授知識的任務。於是，族群延伸和社會的繼續，都可以在倫理的體制下得以實踐。以上所述，乃是從生命本身經過宗教情緒轉化為儀禮，又具體呈現為倫理，而構成了一個穩定的社會。這一個過程在古代就進行，而中國繼續存在，至少延續了二千年之久。一個安定的社會，人口穩定地增加，組合成為了世界上最龐大的人類群體。中國的廣土眾民，也因為有這樣的安排，才能繼長增高、延續不斷。

精神方面，古人相信除了氣血有關的個人生命，還有精神有關的魂魄。「魂魄」二字今日連用不分，在古代，這有所分別。「魄」必須居留在身體之內，「魂」卻是代表一個人看不見的自己；「魂魄」與肉體的生命，一般講來應當是同步出生、衰老、死亡，而至消失。精神與肉體不能同步共存時，肉體消失了，而魂魄還沒有到消失的地步，魂魄無所依則成為厲鬼；即使二者同步進行，人的肉體死亡，魂魄還是必須要有所依歸——這就是殯葬制度的出現。

《左傳》昭公七年，有一段關於厲鬼的故事，是古代人對魂魄無所依靠時，成為厲鬼的解釋。當時的鄭國有兩派貴族，為了權力而激烈鬥爭，要爭權的一派發動突襲，殺死了還在酒醉未醒的執政大夫伯有。過了幾天，鄭國首都的街上不斷驚傳伯有披甲呼叫，某一天要殺死那一個敵人，這樣的擾攘驚動了市面。昭公七年，也就是西元前五三五年，鄭國的子產——當時鄭國最有學問的人士，回答晉國大夫對於這件事情的詢問。子產的回答是：魂魄無所歸依，就會成為厲鬼；而伯有的家族三世執政，家族旺盛、人口眾多；這種家族「取精用宏」——精神肉體都很旺盛，忽然被殺，他們的精神部分並沒有隨著肉體衰弱，因此化為厲鬼驚動人間。這一段解釋，在中國宗教史上經常被人引用，說明魂魄與肉體之間的關係。一方面，一個集體的稟賦不只得自先天，也可以在後天獲得，還會有強弱變化。獲得資源和權力厚多的，其魂魄和肉體都會強健；反而言之，沒有機會掌握足夠的資源，精神肉體都比較衰弱。如何在人肉體死亡後，適當地安置魂魄？就是重要的人生課題。

我們先從古代處理死亡的過程，觀察他們對魂魄的觀念。〈儀禮士喪禮〉和〈禮記祭儀〉等章節，都對於人死亡時的處理方法有詳細的敘述。人斷了氣，第一步是喪家帶著新死者的衣服，爬上屋頂呼叫新死者的名字，請他回來；三次叫不回來，就以衣服放在原來的寢床上，使魂魄有所依附；同時，立刻招手準備一副旌旗，上面寫著死者的名字，插在一小鬲粥上（後世則是插在一碗米粒中），使魂魄有所依靠；然後，等到木製的牌位完成，在牌位上寫下死者名諱，這一個牌位從此代表死者自己的靈魂，使死者有所棲附（到了近代，中國喪禮中還有「穿神點主」的儀式，也就是以其子孫刺指滴血，作為神字的一直和主上的一點，其意義乃是以其子孫血液，代表死者本身的生命）。這一串過程中，用來形容魂魄依附的動詞，常有「棲」字——也就是鳥類棲息的同一字眼，似乎隱喻著魂魄是和鳥一樣，飛翔而必須有棲息之所。在我年輕時，經歷過祖母的喪禮。喪禮辦完後第七天，稱為「回煞」——據說，那時魂魄會以大鳥的形體回來。道士會觀察地上預先撒上的灰土，指出哪些是鳥爪的痕跡：凡此儀式，只是中國民俗信仰中對魂魄的具體形象，比擬為飛翔的鳥類乃是說明魂魄是具象的，而不是抽象的存在。

死後的埋葬，在中國所謂「入土為安」，按照古代的典籍所說「魂歸於天，魄歸於地」，魄還是和死者的遺體共存的。在漢代墓葬中，經常出土殉葬的文書——所謂墓卷，也有些稱為鎮墓文（見本章末附件），或銘刻於鉛版、陶片，或書寫於木牘、竹簡。這一類的文書文字有各種的形式，但大致的內容相當一致。墓卷說明：這一塊墳地從原主購買，有證人、有地價。更重要的是說明：在這塊土地上，如果有其他屍首存在，就應當作死者的奴婢——這說明，墓葬的土地也有排他權。更複雜的墓卷說明，會將這塊墓地的購置和埋葬權利廣為宣告：上通天庭，下到地下世界各級的神界官吏；而且文書也會提到，是地上的丞、行文地下丞或者下文地下的里長等等，宣示死者對這土地的主權。更複雜一點的，要說到隨葬的明器，以備死者日用起居的需求。屬鎮墓文的文書，內容又更為複雜，其中會提到埋葬的黃豆種子等物，作為死者在另一世界開發必要費用或零用錢。

漢墓出土不少明器，大多數是一棟房屋，比較複雜的是相當完整的院落，包括豬圈、田地、池塘，這些都是供給死者在另一世界的生活所需。當然，帝王貴族有更完整的全套設施。例如，秦始皇不僅墓頂上享殿面向東方，象徵秦始皇還在君臨整個中國，而且地下成千成萬的兵馬俑和文官武將，時時準備為始皇帝征討各地。後世每一個帝王的陵寢，是有豐儉的差別，基本上都有前殿後寢的規模，也有沿著墓道站立的文武百官和石像生，象徵帝王的威權，和他死後舒適的生活。凡此安排，都說明了：中國人死後是生前的延伸，中國人心目之中，在佛教進入中國以前，人的生命是一代、一代延續下去，而且每一代都是從生前這個世界，延伸到地下的世界。

相對言之：基督教的信仰，有最後回歸上帝和天堂；回教的信仰中，天堂是人間夢想的酒池肉林、鮮花美女；民間的佛教信仰，也認為天堂會有有七寶樓臺和飛天仙女。中國的民俗信仰，天堂是神界的天地，和天官天吏工作的地方，不是我們常人安息之處。「入土為安」，只是說明生前的生命，在地下還是過著與生前一樣的生活，永遠安息。

中國古代關於天、人、地三界的界劃，也有考古的證據可做說明。湖南馬王堆楚墓出土的絹畫，最上面一層是一棵通天的大樹，樹上有十隻金烏代表天界；這棵大樹的根，穿透人間，直達地下世界；地面以下，是墓主和他的仕女的形象；更下一層，則是大樹的樹根，植根於黃泉——黃泉下面還有幾個力士，撐起整個宇宙。四川三星堆遺址，也出土了一株青銅的大樹，樹上有許多大嘴鳥；可樹根如何安置，我們不知道。這種大樹的形象，假如按照Mircia Eliad的解釋，乃是生命之樹，與高塔大山的象徵相同，都是聯繫上界、天界和地下的通道。中國民俗信仰中，有一棵通天接地的桃樹，桃根有個開口，就是下到地下世界的通道。同樣地，自古以來以至於今日，泰山是中國民俗信仰中的聖山，漢代的泰山管生也管死，漢代所謂「泰山都尉」是泰山的主管，在後世道教的信仰，泰山是玉皇大帝的座山，這是通天的部分；漢代鎮墓文中，常見歸於泰山的說法——魂歸於城父，魄歸於蒿裡，魂應當在泰山等候天界的差派，魄在地下的蒿裡永遠安息。

在地下世界得到永遠的安息，是眾人的願望。戰國到漢代，《楚辭》中的〈大招〉和〈招魂〉兩篇，都是以叫魂的方式告訴死者，東、南、西、北四方都不能去，那些地方都有各種吞食靈魂的精怪和異物。呼召靈魂回到家鄉，在那裡有替他們安置的亭臺樓閣、佳肴美酒，還有侍女僕役使他們生活舒適自在。如此方式的勸說，正是說明了中國人對死後世界，看作是人間永遠的延長，一個永不再進行的停格。

佛教傳入中國前後，中國本身的生死觀念已經有些改變。「太平經」代表的前道教宗教思想，已經具有「平生功過難逃裁判」的觀念：一個人的行為，即使生前可以逃過官府的裁判，但是死後，卻逃不開神界和陰間的裁判，對生前的善惡行為會有所報應。東漢晚年，顯然佛教已經進入中國，在佛教經典中並不十分強調的死後裁判，卻引發了中國人對死後必須面對裁判的信仰。巴蜀地區的天師道，無論承襲太平經傳統還是接受佛教影響，認為死者要對生前的行為負責，死後的懲罰比生前世界需要面對的官府更為嚴格，而且無所逃避。東漢晚期鎮墓文，有幾篇包括了死者的行為不要連累生者的語句——所謂「承負」，這一觀點，已經和春秋戰國時代生者、死者禍福一貫相連的理想有所不同。死者的過失，由死者自己承當，不能讓生者替他擔負罪責。

前文說過，在新石器時代的宗教觀念，有對於自然的畏懼，和對於祖靈的觀念，這就分別為兩個傳統：一方面是神祇，一方面是祖靈。到了殷商時代，顯然祖靈的信仰強於自然的信仰。究竟何時開始轉變？在史料方面看，未嘗沒有可見的線索。

《國語楚語》：「及少昊之衰也，九黎亂德，民神雜糅，不可方物。夫人作享，家為巫史，無有要質。民匱於祀，而不知其福。烝享無度，民神同位。民瀆齊盟，無有嚴威。神狎民則，不蠲其為。嘉生不降，無物以享。禍災薦臻，莫盡其氣。顓頊受之，乃命南正重司天以屬神，命火正黎司地以屬民，使復舊常，無相侵瀆，是謂絕地天通。」這一段話裡所謂「絕地天通」，就是像人間和神庭被劃分為兩半，神庭方面是延續了崇拜自然而畏懼自然的巫覡傳統，而祖靈的崇拜則呈現為本章主要部分：所謂慎終追遠，以擬血緣團體的延續性為主要關懷。對祖宗說話不需要經過巫覡，因為子孫和祖宗有血緣的聯繫，其溝通可以透過親情的擴張，使祖宗在另外一個世界，代表子孫向神祇們請求庇護。然而，崇拜神祇的宗教情緒並沒有消失，只是神與人之間以祖靈作為媒介，在下一章討論中國傳統或宗教時，對於神與人的關係，還會有更清楚的敘述。

鎮墓文、墓卷之中又出現各級神祇，似乎他們都具有管轄冥事的權力。這一現象，應當是與秦漢以來官僚制度完備有關，其中官府代表的公權力，對於所有的臣民而言都有一貫的權威；理論上，無論貴賤都要對他自己行為負責任——於是，生前僥倖逃避的罪行，死後的地下世界或是地下的官府，也會加以裁判或懲罰。相當有趣的是，有一篇鎮墓文中顯然是為了應付「承負」的責任，在殉葬的器物中有人參幾株，作為被懲罰時代替死者受刑的代表！這種安置也充分說明，中國人對地下世界，看作是生前世界的延伸和繼續。這種生死一貫的觀念，與猶太基督教思想中認為死後是在神的世界安息，直到最後一日還是會面臨審判，兩者的區隔相當明顯。

佛教裡有因果報應、三世輪回的思想。例如，生前犯了殺劫，轉世要受殺劫之苦，這是自身經過輪回所要歷經的種種報應。中國古代家族禍福一貫，則是中國所謂「子孫報」，與「來世報」和「現世報」並行。「來世報」顯然是佛教的影響，「現世報」則是此生未了以前，就必須為自己的行為負責——此生報應不到，善報及於子孫，惡報也禍延子孫，這就是「子孫報」。所謂積善之家必有餘慶，這是家系的共同責任，是同族整體性的體現。

關於生死問題，中國傳統的觀念也和其他地區的人類類似，也不免有永遠不死的憧憬。《山海經》是一部陳述人間以外神奇世界的書籍，大約是戰國至秦漢間作品，各個部分未必是同時成書。該書將世界劃分成幾個同心圈，分別為山經、海內經、海外經、大荒經；中山四周有四山，山外有四海，更外面一圈則是海外，東南西北都有特定的方位。《山海經》將各種山妖水怪、奇禽異獸，都安置在這些山與海的各處。在這些地方，也有各種永遠不死的神祇，各有各的超異能力，也有一定的管轄權力。這許多神祇，並沒有神庭的組織，似乎各在各控制的範圍內行使他的特異能力。巫覡在這些神怪旁邊，又有一定的能力：可以通靈，也可以使用一些法器或靈物影響這些神祇。

在《山海經》〈海內西經〉：「開明東有巫彭、巫抵、巫陽、巫履、巫凡、巫相，夾窫窳之屍，皆持不死之藥以拒之。」這些大巫擁有法力，能持不死之藥保護自己，也可以保護旁人。這些大巫的名字，有些有曾經出現於其他古書，可能是古代關於著名巫師的記錄，被建構為《山海經》中的著名大巫。關於不朽的理想，在後世道教也是重要的觀念，在下一章中會有更多的討論。

另一種有關不朽的記載，則是《山海經》中有些神人，例如「刑天」，他是向天神挑戰的英雄；被天神擊敗後，雖然被斬首，他卻並不招降，以乳為眼、以臍為口，仍舊手持干戈繼續挑戰天神。陶淵明在組詩〈讀山海經〉第十三首中寫道：「精衛銜微木，將以填滄海。刑天舞干戚，猛志固常在。同物既無慮，化去不復悔。」這首詩中，還特別表彰失敗英雄。在中國的歷史上，這種同情失敗者的情操其實並非罕見。

關於這一現象，下一章會有更多的討論。

最後應當提起儒家「三不朽」的觀念，《左傳》襄公二十四年：「（叔孫）豹聞之，太上有立德，其次有立功，其次有立言，雖久不廢，此之謂不朽。」這三項不朽，立德、立言、立功，都是人所留下的影響，而並不是人生物性的永遠不朽。儒家（《論語》季氏、衛靈公）將不朽的觀念，昇華成為偉大人品，留在人間供世人紀念。這個類似宗教的情操，卻又不帶任何宗教的神奇性，乃是儒家人間性質，能夠提出的最高境界。呈現於民間信仰中，鄉里之間令人欽佩的人格，是臺灣閩南語所謂「人格者」，他們死後還是經常會被人懷念。中國許多地方的土地神，常常在一般人的傳說中，是某一位剛死去不久的「人格者」，被任命成為當地的保護神。一些土地廟，每過一陣可能要重新塑造一個神像，而且是以某一個「人格者」的形象作為參考。孔子自己在後世被稱為「萬世宗師」，而在科舉未廢的時候，文昌是讀書人祭拜的對象：這些就代表「立言」的不朽。在地方上，曾經造福一方的官員，也會永遠被人間記憶，甚至視之為神。建設四川都江堰的李冰父子，和創建蘇皖防水工程的張勃（號為「張大帝」），都是立功者，被千秋萬世奉為神明的例子。

以上提出的許多現象，乃是傳統的中國社會對於生死的見解。在我一生前半段所見，還是和傳統距離不遠。最近這幾十年來中國的變化極大，尤其在中國大陸，經過多次的反復革命，在儀式和理念方面，傳統的生死觀念都已經完全改觀。不過，在臺灣與海外的華人社會，雖然一些過去實踐的禮儀都已經簡化，或者被修改；在情緒上，慎終追遠、崇功拜德的理念仍舊存在。以上所說古代的民俗信仰一直延伸到今天，大體上還存在，所以近代的喪禮，還有焚燒各種紙紮器物的習慣。

在我的這一代，父母的忌辰還擺供紀念。在家鄉，新年時期，以及除夕、元旦、清明和冬至，都會祭祀祖先。我家自從抗戰時期離家客居，先父手書直系祖先名諱掛軸，每逢年、節懸掛遙祭。我們弟兄遷移美國，每家也都有歷代祖先名諱掛軸，至少在除夕和元旦會遙祭先人：凡此習慣，其實和漢代的明器、地下的寢宮，其意義是祭親如在，事死如生的一貫態度。

今天臺灣的人民大多是移民後代，他們家中往往有祖先牌位；牌位背後有一滑板，書寫祖先原鄉地名，歲時祭祀，不忘根本。臺灣的鎮市、農村，如果當地人家有喪事，喪家可以封閉一條街道，搭棚接待親屬、辦理大事；還會焚燒紙紮冥器（包括房屋、汽車、家具、衣物、電視、計算機……），以供死者地下使用。以我自己個人所見，在美國的華人沒有祖墳可上，甚至於沒有祖宗譜系的記憶；然而，在生活之中，親子的感情還是延伸為一家三、四代親密的感情。不僅親人之間互相關懷，同城的華人朋友之間，也是守望相助、互相支持。

海外華僑離家已經數代，仍舊繫念祖先。在菲律賓首都馬尼拉的華僑墓園，墳墓的前後還有類似享殿的建築，足以使掃墓的人在內休息度假，墓前還有石刻或水泥做的自用汽車。我曾經訪問過馬來西亞的馬六甲，當地有延續數百年的華人墳山，幾乎每天都有人在祭掃祖墳，獻禮致敬。馬六甲的華人小區有一棟大樓，最上層是供奉媽祖的殿堂，下面各層都有同姓的宗親會，各占一間房間，供奉先僑的牌位。馬六甲的華人小區，據說已經存在八百年。十多年前訪問該地時，黃昏時刻，漫步華人街的石板路，宛然可見明清時代的門聯和門窗牆雕塑。那一時空停滯的印象，至今猶如目前。

正如開章所說，中國人的宗教情緒，並不一定依附在建制性的宗教系統及其有關儀式，而是普遍地融合與包含在日常生活之中。從生和死的問題，延伸為祖先的記憶，凝聚許多個人為宗族團體；而宗族與宗族之間，又有千絲萬縷的親情成分，中國文化中遂有了「同胞」的觀念。直到今日，「炎黃子孫」還是中國人互相聚合的口號。中國幾千年來以農耕為本，精耕細作的農業需要彼此共濟合作，促使村落小區成為大社會的最基本單元。同姓經常居住在同村，鄰村之間又有彼此的婚姻關係。這些線索，將中國文化涵蓋的社會，聚集為一個世界最龐大的共同體。本章所述，也就是維繫這個龐大共同體的一些宗教情緒。

附件：

《貞松堂集古遺文》所錄延熹四年（一六一）鍾仲游妻鎮墓券：

「延熹四年九月丙辰朔卅日乙酉直閉，黃帝告丘丞墓伯、地下二千石、墓左墓右主墓獄史、墓門亭長，莫不皆在，今平陰偃人鄉萇富裡鍾仲游妻薄命蚤死，今來下葬。自買萬世塚田，賈直九萬九千，錢即日畢。四角立封，中央明堂，皆有尺六桃卷、錢布、鈿人。時證知者先□曾王父母□□氏知也。自今以後，不得干□〔擾〕生人。有天帝教，如律令。」

光和二年（一七九）王當墓所出買地鉛券：

「光和二年十月辛未朔三日癸酉，告墓上墓下中央主土，敢告墓伯、魂門亭長、墓主、墓皇、墓名：青骨死人王當、弟使偷及父元興等，從河南□□〔左仲敬〕子孫等，買穀郟亭部三陌西袁田十畝，以為宅。賈直萬錢，即日畢。田有丈尺，券書明白。故立四角封界，界至九天上，九地下。死人歸蒿裡地下，□□何□姓□□□佑富貴，利子孫。王當、當弟使偷及父元興等，當來（人）〔入〕藏，無得勞苦苛止易，勿繇使，無責生人父母兄弟妻子家室。生人無責，各令死者無適負。即欲有所為，等焦大豆生、鉛券華榮、雞子之鳴，乃與□神相聽。何以為真？鉛券尺六為真。千秋萬歲，後無死者。如律令。券成。田本曹奉祖田，賣與左仲敬等；仲敬轉賣王當、當弟使偷、父元興。約文□□，時知黃唯、留登勝。」

池田溫，《中國歷代墓券略考》，頁二七三。注六。

漢熹平二年（一七三），二月張叔敬鎮墓盆（山西省）：

「熹平二年十二月乙巳朔十六日庚申，天帝使者，告張氏之家。三丘五墓，墓左墓右、中央墓主、塚令、主塚司令、魂門亭長、塚中遊擊等。敢告移丘丞（墓伯）、地下二千石、東塚侯、塚伯、地下遊擊、（蒿）裡伍長等。今日吉良、非用他故。但以死人張叔敬、薄命蚤死、當來下歸丘墓。黃神生五嶽，主生（一作死）人祿、召魂召魄、主死人籍。生人築高臺，死人歸深自狸。眉須以（須已）落、下為土炭。今故上復之藥、欲令後世無人有死者。上黨人參九枚、欲持代生人。鉛人、持代死人。黃豆瓜子、死人持給地下賦，立制牡厲闢土咎，欲令禍殃不行。傳到、約敕地吏、勿復煩擾張氏之家。急急如律令。」

第七章

守護人間的眾神

本章所述，也是在宗教信仰課題下的一個支題。正如第六章提到，楊慶堃先生對於中國宗教的研究所主張：中國人的信仰，並不在建制性的宗教系統之內而已，更多的卻是融合於日常生活之中的儀式和理念。如果我們要以建制性的宗教系統，作為討論的課題，我們必須要認真的研討許多神學課題。無論佛教或者道教，這兩個主要的宗教系統，許多先聖大德都曾經研討過神學的理論，也曾旨意精微地提出重要的哲學問題。但是，這些高深的理論，對於一般的信徒似乎影響不大。今天詢問佛、道兩家的一般信徒，他們對於各種經論其實不太明白，也並不十分關心。他們注意的，卻是哪些神祇在他自己的生活中，有如何的影響？他們的生活方式，應持守如何的態度？這些才是影響中國一代一代平民百姓的所在，也就是他們精神生活的依歸。關於這幾家建制性宗教在現代的情況，仍將於本章有所陳述。

人類的宗教情緒，其實不外乎「敬」、「畏」二字。前者是尊敬，也帶著感情；後者是懼怕，又不知道如何對付。許多研究原始宗教的學者，大概都會在這兩個方面，設想人類如何選擇哪些敬拜的對象。歸納許多古代民族的信仰，我們大概可以按照上述所說分成兩類；一類是對自然力的敬畏，一類是對死者，尤其是祖先的崇拜。在後面這一類，中間又夾雜著思念和感情的情緒。自然力方面的崇拜，就成為自然神的神祇系統，後者則是祖靈的崇拜。上一章我們提到中國古代類似圖騰信仰的觀念，那更是將自然的事物和祖先崇拜結合為一，將某一種值得畏懼的事或物或者現象，與自己祖先的來源結合成為一套生命來源的解釋。

例如，我們對蒼蒼者天，都有一種仰望的尊敬；對於日月星辰，也有敬畏之情；對大地，那生命的來源，從大地上著生植物，我們可能就聯想到大地和母親是一類的生命之主。同樣地類推，高山、大海，風暴、雨露，對我們的生活都會造成極大的影響；於是，我們會把這些現象當作崇拜的對象。

我自己體驗過一段經歷。在抗戰時期，我大概十一歲左右，因為逃避日軍春秋之間的進攻，我父親領導的單位留在前線，眷屬們要往後撤。大隊人馬都要步行，只有行李和給養是由滑竿夫抬運。我身有殘疾不能步行，於是，把我放在行李堆中，靠在行李上被抬著行動。有一段路程，是要跨越湖北西部大巴山的餘脈。從平原跨越山口，很遠就往「界牌埡」山頭進行，走了一天多才走到那兒。山頂旁邊，有一片小平臺。大概有五、六抬滑竿，十多餘滑竿夫，前後到達埡口。領隊的滑竿夫招呼：「大家去拜山神廟。」那是山頂的平臺上，由幾塊石板構成一個簡單的小廟。這平臺大小不過十幾丈方圓，天風獵獵，四周的樹木不過兩尺高；站在峰頂四顧，西邊是高聳入雲的大巴山，東、南和北三面群峰低頭，仰視天空漫無邊際，除了風聲，只有一片靜寂。滑竿夫們在山神廟前跪下敬拜，我坐在一堆行李上面，四顧茫然。當時十餘人，沒有人發言。滑竿夫都是半蹲在地面圍成一圈，臉向南方，連我在內，都被這茫茫蒼天四顧無涯的情景懾住了。如此大家靜坐十餘分鐘，才默默起身，向南坡走下去。走不了多久，忽然經過一路夾竹桃正在盛開；花路盡處，一個小小的臺地，那是十餘戶人家的村莊：兒童奔跑笑語，大人們在工作，幾條狗對著我們汪汪吠叫——這是戰亂之中，呈現的一片太平。

上面兩個景象，在一小時之內先後呈現。那時候年紀輕，不懂得宗教；然而在後來，我讀社會人類學、民族學和宗教學的課程時，在山神廟前被懾住的那一份經驗，總是清清楚楚呈現目前。正是因為在大自然面前顯得如此渺小，我們才會設想有一位偉大的力量，我們將他人格化成為代表各種自然力的神祇，如天神、地母、山神、水仙等等。

在祖靈一類，上章已經有所陳述，最重要的情緒乃是對生我、育我的父母，有敬愛、也有懷念，總希望他們生命沒有終結。對於一些生命忽然終止的死者，我們總覺得他們剩下的一部分生命，會滯留在我們四周，形成上章所謂「厲鬼」的現象。以上種種，就造成了我們宗教情緒中，祖靈崇拜的心理條件。

對於各種神祇，原始宗教的時代，人群之中會有若干人，由於他們特別的感受，別人就把他們當作可以與神交通的媒介；這種人累積成為一群「神媒」，他們建構了一套他們的解釋，以及他們認為有助於神靈交通的禮儀。這些人在一個原始族群之中，往往成為群眾的領袖。各種宗教有各種的名稱，有些地方稱為祭司，有些地方稱為巫覡。上一章我們曾經引用過「國語」「楚語」，觀射父討論巫覡的一段。觀射父說明，在沒有建制的宗教體制以前，幾乎人人都有擔任神媒任務的機會。直到顓頊的時代，政治領袖的體制已經形成，那時才將天神和人間劃分為兩個系統。祭天的工作由神媒擔任，人間的管理乃是人王的責任。顓頊的時代，出現了中國可能最早的曆法：一個按照農業生產安排的週期。這一顓頊曆卻是代表了人是天、人之間的結合，不再是由祭司、神媒專斷的一個行事時序。在「國語，楚語」中這一段的敘述，則稱之為「絕地天通」——斷絕了天和地之間的混淆。

先秦的時代，中國乃是一個祖先崇拜和分封制度結合的宗法社會。理論上，人間的王者，就是代表人間與祖先之間的結合點。人間一切的祈禱和願望，應當由這宗法結構領袖的王者向祖先陳述，也得到祖先的庇佑。祖先們則代表子孫，向自然力的神庭祈求天命和保佑。如此的信仰系統，並沒有獨立另設的教會。借用中國的鄰居日本歷史上的神權為旁證：日本的天皇和神道信仰，其實還是代表如此的結構。日本神道教神社的祭司——「神官」，只是伺候神明的工作者，而神、人之間的聯繫點則是天皇（第一個天皇「神武天皇」，其實就是他們當時的大女巫卑彌呼）。

中國文化中兩大主要的宗教系統，是佛教和道教。前者在漢代才傳入中國，後者的逐漸組織成形，也在佛教傳入之後同時進行。在漢代以前，中國的宗教信仰其實就是前面所說，天神、神祇、祖靈的結合。秦漢統一以前，中國各個地區都有一些地方性的信仰，因此，中國的神明信仰並沒有一個中國地區全部一致的系統。在佛、道兩個系統各自發展的過程之中，他們的神系並不固定，經常出現一些變化，有的是某些地區的地方信仰，會擴大成為某個教派的主要成分。若要根據今天傳承的佛、道各宗派崇拜的對象編列神庭，乃是極為困難的工作。舉例言之，民間通俗信仰的神庭，乃是根據一部明代的小說「封神榜」裡姜子牙封神的故事，認真地排列神庭地位與職司。正統的佛教、道教，應當不會接受這個故事編列的神庭；然而，庶民百姓卻將姜子牙封神當作真實的眾神譜系。

在這種民俗神庭形成過程之中，其實我們也可以找到一些原則。常見的變化則是自然神的人格化，如威嚴的天神是父親形象的人格化。泰山是中國東部最主要的神山，因為是山東比較平坦的土地上一座高聳的大山，特別顯得崇高。這座山的山神，就因為高山可以上達天庭，「東嶽」的主神又因此往往和神庭的主神混淆為一。另一方面，土地之神乃是生產力，那是母親形象的人格化；母親神的形象，又會集中在母親的保育和母愛的寬恕——於是，最高的女神常是慈悲、原恕救贖的慈母形象。同樣的原則，可以解釋為何山神代表巨大的神力，水神則是代表柔和女性的神力。

古代的農夫，對於土地的生產力，因為依賴而崇敬。據《禮記》的〈坊記〉記載，農夫們在種植的季節和收成的季節，要敬拜「先農」、「先嗇」，還要祭祀灌溉系統的水溝和堤防，甚至於祭祀驅趕野豬的虎和驅趕鼠類的貓。在古代農夫的心目之中，雖然這樣的神明系統是如此瑣碎，卻是非常重要的神力，必須尊崇敬拜以求取護佑。

另一個原則，則是對於某些曾經出現的真實人物，由於他特別的功績，在他死後還被後人紀念；既是感恩，也是盼望他有益於人間的功績可以長存。這個原則，就是中國人所謂「有功德於人」，聰明、正直者都可以成為神。關公是中國人民俗信仰中很重要的大神，原因在於：關公一生義氣深重，以一死報答劉備，於是成為大眾紀念的對象；又因為他勇武絕倫，所以他成為一般無助的小百姓仰望的保護者。佛教中的觀音，在原始佛教系統之中是菩薩，不是佛，也不是女性。可在中國人民俗信仰之中，竟成為漢傳佛教主要神明，則是由於母親形象的救贖能力，被塑造為受萬民敬拜、救苦救難的女神。中國南方沿海地帶尊奉的媽祖，號為「天上聖母」，是海員和漁夫們尊奉的名為林默娘的宋朝女子：據說她在夢中救援遭逢海難的船員，於是他成為海員、漁夫的保護神，進而發展成為一個保佑、救贖大眾的母親神。

中國各地都有「城隍」，也有「土地」，分別是一個縣城的保護者，和鄰里鄉黨小小區的保護者。他們的地位，是從人間的官僚系統以及地方小區長老功能，投射的兩個職位。在各處的城隍，常常有相當類似的傳說：某一位對地方有建樹、對百姓有恩的地方官，在他死後又被派到此地擔任城隍。當地的小區之中，如果某一位長者平時得人尊敬，也時時刻刻為地方盡心盡力；這種長者死後不久，也往往有人會傳說，土地神改由這位長者擔任；百姓們會重塑土地神像，多多少少按著這位長者的形象塑造金身。

下面將以我的故鄉無錫，和長久居住的臺灣為例，從這些地方庶民百姓所敬拜的神祇，呈現這兩個不同地區的眾神有何異同。先說無錫的眾神：無錫是江南的一個中等城市，也有兩千多年的發展了，交通方便、地方富庶，各種宗教活動當然也非常活躍。如果只限於建制宗教，無錫也有古老重要的寺廟宮觀：例如佛教的崇安寺和南禪寺，都是在南朝時代就已存在，也曾經興盛。在近代，以抗戰前後而論，這些大寺廟除了一些例行的法事，其實活動不多，講經的法會幾乎很少舉行。崇安寺本身，在太平天國以後已經成為廢墟；在其舊址，曾經有過簡陋的道觀——雷震殿（二胡名曲〈二泉映月〉的天才琴師「瞎子阿炳」〔華彥均〕及其父親，都曾是這家道觀的觀主）。崇安寺的名稱與蘇州的玄妙觀齊名，竟是飲食店的集合地。

在道教方面，例如東嶽廟、斗姆閣等等也都存在；他們的功能，似乎也只在一般拜懺祈福。無錫道觀大多是茅山教派的分支，專長是克治鬼神。不過，我有幸聆聽道教的音樂；在抗戰勝利後，江南各地道觀曾經在無錫組織過一次傳統音樂的表演，許多過去著名的重要樂曲都忽然出現。除此以外，老百姓庶民的日常生活中，也很少看見有宣教的活動。比較常見的，是新生男嬰「記名」於某神明座下，以祈求保佑的風俗。

在這些建制型的宗教團體以外，倒是有些牽涉日常生活的寺廟。無錫城西的惠山，據說有一百多個祠廟；不過，其中有相當大的比例是家祠和宗祠，屬私家性質。

大家族聯絡族誼和分配宗族資源，也常常是在家祠進行。

我現在要介紹的，卻是一些民間崇拜的特殊人物：一類是已經約定俗成，成為神明的一些神祇；一類是地方性的歷史人物，被百姓紀念、供奉於道教系統下的寺觀。前者最著名是東嶽廟，供奉的是泰山主神東嶽大帝，又例如延壽司殿供奉的是主管人壽命的南斗星君麾下神職。我家在重慶時，曾經寄居無錫同鄉會，那是無錫旅渝鐵匠的會所。據他們告知，治工、鐵匠在故鄉的會所就在延壽司殿。第二類最著名的一處是張元庵，供奉祠山大帝（張勃），據說乃是一位是漢代的地方官員，曾經治理廣德地區的水道，將散漫的河流和沼澤分別納入長江系統和錢塘江系統。江南各地都有他的祠廟，而且尊之為「大帝」。又例如，南水仙廟供奉的是明末的無錫縣令王其勤，他的功勞是組織當地的漁民等人，將其編入民團抵抗倭寇；因為保存地方有功，身故後他被奉祀在城南，號為南水仙。這一祠廟鄰近製作瓦缸的黃埠墩，因此燒窯洞的窯工以南水仙廟為會所；此地也成為漁民集會的地方，將有功於地方的縣太爺和漁民供奉的水仙合而為一。又如西水仙廟，則是另外一位明代縣令劉五續，他在任上組織整理河川湖泊、開通航道，並開發新墾土地；為了這些工作，他卻因此丟官受罰。百姓紀念他的恩德，將其供奉在城西，稱為西水仙廟。這個廟是運河與太湖周邊，船戶和運糧工作人員的聚會所。

惠山還有一些真實的歷史人物，他們的貢獻和事蹟也得到百姓的紀念。安史之亂時，張巡和許遠堅守睢陽，保障江淮，江南百姓為供奉紀念他們而建廟「張中丞祠」。另一所是明代抵抗蒙古侵略的于謙的廟，他被供奉在少保祠。少保祠中，也祔祀明末在太湖抗清的夏允彝、夏完淳父子，分別稱為「先生」和「郎君」——一般的訪客，卻沒有注意到這兩位先賢。

每年三月無錫廟會，八家祠廟要派隊慶賀東嶽大帝的生日。前面所說的幾個祠廟，包括延壽司、東水仙、西水仙，還有延聖殿（供奉晉代除三害的周處），加上無錫、金匱兩縣的城隍，都集中在中丞祠，由中丞祠的管理人員——也就是廟祝——接待，浩浩蕩蕩，分批移轉到張大帝廟，再出發朝見東嶽大帝。這個每年一度的廟會，吸引江南一帶成千成萬的觀眾；無錫擠滿了人，每家都接待親友，乃是全國著名的大廟會。在這廟會的過程中，各種職業公會，例如船夫、漁夫、鐵匠、窯工等等，都集中在他們平時聚會的寺廟，作為基本的廟會隊伍。每家廟宇都有經常來往的地方大戶人家，提供他們職銜牌，前呼後擁。各家祠廟的文、武隊伍，進行途中不斷表演：文的是抬在竹竿「抬閣」頂上的少女，扮演戲文；武的則是各行各業子弟，有列隊的前導、扈從，一路表演武術。

這一路的熱鬧，其中有一部分，其實具有相當深刻的意義。隊伍之中，會有一些人罪衣罪裙、披枷戴鎖，被隊伍中身穿皂隸服裝的監押者驅趕前行；這些「罪犯」中，還有一些特別的人物，腕上刺了幾十根針，懸掛燈、鑼隨隊進行。在他們後面，又有幾輛車、或是幾個擔子，扛抬一些文具箱——這箱中放置的是許多信徒念經的紀錄，和儒家傳統每天檢查自己品性的功過格，這些乃是本城許多家族念經和懺悔的紀錄。隊伍中的「罪犯」也是志願者，自願代表世間犯了過失的人受罰；而那些念經和懺悔的紀錄，則是許多一般老百姓每天反省的總陳述，以此來救贖犯罪者的罪行（關於這方面，下一節再說明）。這些「罪犯」要在朝見東嶽之後，才能改穿常服，表示洗清了他們的罪行。以上所說的，乃是無錫的廟會，下面一節則是臺灣的民俗信仰和廟會。然後我會比較兩個不同的社群，民俗信仰的異同。

臺灣是我離開大陸以後，安身立命之所。在這裡，我度過青年期，我的職業生涯也在臺灣開始，雖然後來在海外工作，此心從未離開臺灣。對臺灣的民俗信仰，我也有些認識。而且，我有幸認識林衡道先生和幾位臺灣民俗學家，經過他們的說明，我才對臺灣的民俗信仰的細節，有比較清楚的認識。

臺灣的眾神，以城鎮中的寺廟而論，有下面所列的若干項目：文廟（孔子廟）、武廟（關帝廟）、城隍廟、文昌祠、龍王祠、天后宮、火神廟、先農壇、烈女節婦祠。臺灣的神明，則有神農大帝、太子爺（中壇元帥）、齊天大聖、孚佑帝君（呂洞賓）、濟公活佛，虎爺、猴將軍等，還有大樹公、有應公、萬姓公媽、大眾爺、大墓公、萬姓爺、水流公、普度公、義勇爺、義民爺，十八王公……以上的神明，其實大半和大陸各處相同：有專門功能的神，例如關帝、城隍等等；也有一些例如太子爺、齊天大聖、呂洞賓等人，這是從民間的傳說和故事之中擷取其事蹟，奉為神明；虎、猴、大樹等等，則是對於若干長壽或是神奇的動、植物的一種崇敬；至於有應公、萬姓公媽、義民等等，則是一般沒有後嗣的死亡者，民間共同祀奉他們，以免成為厲鬼作祟人間。還有一些「王爺」，例如溫府、池府、三十六王爺等等，則是死於非命的冤魂。三十六王爺，有人認為他們是三十六個趕考的讀書人，中途遭了海難；也有人認為，這些是遭逢瘟疫，全船人都在中途病死。不過從臺灣燒王爺船、送船出港、在中元慶贊的儀式看來，乃是將瘟神隨著王爺船送出海外——這些「王爺」，可能就是代表瘟神，再加上最常見的「王爺」是溫府王爺，此「溫」可能就是瘟疫之「瘟」的同音字。

另有一些神明，則是開拓臺灣的各地移民追念自己家鄉的保護神，將家鄉的主要神明帶到臺灣奉祀，作為團結同鄉的中心。因此，泉州人供奉清水祖師、廣澤尊王、靈安尊王、保生大夫（名醫吳本）、保儀尊王；漳州人供奉開漳聖王（唐代開拓漳州地區的陳元放）、輔信將軍（馬公爺）、德天大帝（俗名林放，孔子七十二弟子之一，所有林姓家族，都尊他為祖先）；客家人供奉的三山國王，乃是潮州城外三座山的名稱，代表故鄉的記憶。這種移民懷念故鄉的神明崇拜，不僅在臺灣有之，遠赴南洋移址在當地幾百年的華僑，同樣會將故鄉的保護神，帶到海外永遠奉祀。其動因一則是慎終追遠不忘故主，記憶自己的來源；更重要者，則是在新到的地方，來自同一地方的開拓者，可以聚集成群、彼此合作。在臺灣歷史上，族群械鬥乃是常有之事，泉、漳之間的鬥爭，福建和廣東（客家）之間的鬥爭，是開拓過程中經常發生的事件。械鬥中的死亡者，也被祀奉為「義民爺」或「大眾爺」。開拓臺灣有許多悲痛的回憶，也就隨著這些族群保護神的奉祀留在人心。

臺灣奉祀神明的習慣，和我故鄉無錫的祀奉制度頗不一樣。無錫的寺廟，佛教是佛教道教是道教，地方上紀念的人物，按其性質和事蹟各有各的寺廟。在臺灣卻是相當程度的混雜，幾乎沒有例外，每家寺廟都會成為許多不同神明的共同奉祀之地。下面以臺北萬華龍山寺作為例證。

萬華龍山寺廣泛祭祀的諸位神祇，包括佛、道、儒三教重要神祇。現在根據該寺導遊資料，說明神祇奉祀的布局：龍山寺主要可分為前殿、大殿、後殿三個殿，此外可細分為許多廳，共有神祇百餘尊。龍山寺還有觀音爐、天公爐、媽祖爐、水仙尊王爐、註生娘娘爐、文昌爐、關聖爐共七爐，信眾按順序上香七爐參拜。其中，爐體較高、靠近大殿的為天公爐；體積最大、位於中庭靠近前殿的為觀音爐。後殿由中間開始往兩旁參拜；同樣靠近中間的，先拜龍邊後拜虎邊。前殿供奉三寶佛，依佛教儀軌先至前殿禮佛後，再行參拜。

大殿又名圓通寶殿，主祀觀音佛祖（圓通二字取自佛家《楞嚴經》的〈觀世音菩薩耳根圓通章〉）。觀音佛祖即觀世音菩薩，亦稱觀音媽，象徵「大悲」，是阿彌陀佛的脅侍菩薩。文殊菩薩象徵「大智」，普賢菩薩象徵「大行」，均是釋迦牟尼佛的脅侍菩薩。韋馱菩薩、伽藍菩薩和四大天王，都是佛教護法。據說智者大師曾經度化關羽靈魂，關羽從此也成為佛教護法，另有十八羅漢塑像供奉左右。

後殿分別供奉性質並不相同的神明：天上聖母殿主祀天上聖母（媽祖），文昌殿與關帝殿文左武右，也奉祀於此。天上聖母是道教神祇，本名林默娘，即媽祖、媽祖婆、天后，這是臺灣民俗信仰中最重要的神明。這一位福建湄洲「討海」為生家庭的姑娘，據說生而不能言，因此稱為默娘。她的父兄都是在海上工作的人員，有一次海難船隻傾覆，據說默娘的神靈出竅，在海上救了父親和哥哥；而且因為她手持紅燈引導救難者，將海難人員救回陸地。福建沿海，不是水手就是漁民，都是討海為生，林默娘就成為他們的保護神。雖然她成神以前只是少女，可是她的神像卻是一個端莊的皇后：早期的臉色是黑面，到後來卻是演化為白面的貴婦人。從海上生活的保護神，她的位階逐漸升高，終於成為一切凡民的母親形象。其功能和大陸上的觀音，極為類似。她的左右副手為千里眼、順風耳——兩者本來都是在海上航行，必須具有的特殊能力；但是，逐漸演變為千里眼是替媽祖觀看世間的災難，順風耳是聽聞世間的哀號。我們人生在世，窮則呼天，痛則叫娘，媽祖正如同母親一樣，成為世人尋求庇佑和救濟的對象。

天上聖母殿左廳，奉祀的水仙尊王是夏朝君主禹，即海王、海神，常見之四陪祀為伍子胥、屈原、李白、王勃。也奉祀著城隍爺，即陰間行政神，負責賞善罰惡。福德正神也位列其間，他是土地之神，保護農業、商業，即土地公。還有龍神，也就是雨神、海神。這些都是典型的功能之神，屬道教系統的神祇。無錫的民間信仰，也一樣有這些神明。

天上聖母殿右廳主祀註生娘娘，祔祀池頭夫人：據說是奉祀一位在泉漳械鬥中，為了喚醒壯丁應戰，而被突襲的漳州人殺死的孕婦；也奉祀十二婆者，是產婦的保護神。這一段的情形不言而喻：中國傳統社會生產的階段風險最多，生產孩子就等於在鬼門關上走了來回。媽祖供奉的旁邊，有對於婦女特別護佑的神明，也是理所當然。

文昌帝君殿主祀文昌。一般文昌宮、廟、閣、寺，多奉祀五文昌帝君，本寺奉有文昌帝君、大成魁星、紫陽夫子。（文昌星君、文魁星君、紫陽夫子、關聖帝君、孚佑帝君合稱五文昌。）中國的傳統士大夫，經過科舉方是正途出身。因此，奉祀文昌也是為了讀書人的需要——只有獲得文昌的佑護，讀書人才有上進的機會。華陀廳，不言而喻是供奉著華陀仙師——華陀是漢代名醫，號稱醫神。這一個特殊功能，是為了一般人，人人需要的護生保健。這些日常生活中，面臨的許多關口都必須有特殊的神明，護佑信眾離禍得福。

關聖帝君殿主祀關聖帝君，祔祀關平、周倉。關公的崇拜在中國各處都有，有些地方供奉關帝是因為他義薄雲天，也有的地方是因為他武功過人，可以驅邪除魔。在臺灣和中國華南一帶，關帝的功能卻是兼具財神的地位。關於這一點，我也和一些民俗學家討論過，為什麼在廣東、福建關帝公變成財神？至今還不得其解。據說是因為，三國演義中說到曹操要留住關公，上馬金、下馬銀，天天供奉關公。關公辭曹時卻留下所有的金銀，只挑了錦袍作為紀念。但我認為，這個說法也相當牽強，也許只是因為他的神力高強無所不管，才有功能的混淆。

三官大帝是天官大帝、地官大帝以及水官大帝，龍山寺供奉三官大帝之一的水官大帝。地藏菩薩象徵「大願」，乃是超度地獄亡魂的救贖者，也被奉祀其間。月老廳奉祀的月下老人簡稱月老，又被尊稱為「月老公」，掌管人世間姻緣之事，故常有信徒向其祈求戀愛順利（見唐朝《續玄怪錄》）。廊下還供奉著「監名神君」，即四神獸之白虎，位於月老廳外牆上。

龍山寺奉祀的神明眾多、功能複雜，而且佛教、道教以及一般民俗的神明，都供奉於同一寺廟內；奉祀的殿堂位置，也並不能完全反映神明名稱所代表的地位。這一現象，只是反映臺灣的民俗信仰，習慣於在一個神聖的地方，集中所有應當祀奉、不容忽視的神明，祈求他們的佑護，也避免得罪任何一個無意中忽略的力量。楊慶堃先生特別指陳，中國的民俗信仰非常具體而功利，要照顧到生活之中方方面面不可知的神力。臺灣是個開拓的社會，人們橫渡黑水洋，從福建、廣東跨海到臺灣，進入一個完全陌生的世界，也必須面臨瘟疫、颱風、地震等種種天災，以及族群鬥爭種種人禍，生活非常不安全，也不容易預料將來的後果。臺灣有俗諺「一死三留五回頭」，移殖臺灣的艱難可知。在這種情況下，恐懼和希望是分不開的。因此，在一個神聖的領域，信眾寧可包羅萬象，不管道教、佛教或者生活中值得崇拜的人物，能夠在前殿、後殿走一圈時，處處都可以敬禮，處處都可以膜拜，也處處都可以祈禱。甚至於一些特定的地方，比如生育之神、婚姻之神，保平安之神，這些特殊的需求，也有一定可以祈禱的地方。

臺灣的民俗祭祀雖然神明眾多，關帝、王爺以及各種原鄉神明的祭祀，形形色色；然而，仍以媽祖祭祀為最重要。此處，也以媽祖祭祀遶境進香為例，說明民間信仰與地方小區的關係。臺灣媽祖廟不亞於二千餘處，幾乎每個鄉鎮都有一個供奉媽祖的寺廟。至於臺灣何處的媽祖廟建立最早？各處都在爭論。臺灣的習慣是，新設的媽祖廟，必須從主廟迎接一位分身，也帶來一些香爐之中的香灰，號為「分香」。這一制度也就確定了廟與廟之間的先後主從關係；從某個主廟分出來的可能不只一家，因此，各處的媽祖有頭媽、二媽、三媽等等排序，確定其尊卑長幼。這一串的「分香」，就構成以同樣主廟為中心的祭祀圈。當然，全島許多媽祖祭祀圈，整合成為媽祖的信仰圈。這個信仰圈可能籠罩全臺，除了執意否定民俗信仰的基督徒、回教徒以外，其他並不特別承認、也不特別否認者也除外，整體而言大概占全省四分之三的人口，是屬媽祖信仰圈內的。在全島各處的媽祖信仰圈中，其中遶境最遼闊的兩處，一家是彰化的南瑤宮，一處是臺中大甲的鎮瀾宮。兩處都號稱是直接從湄洲直接迎臺供奉的主廟，前者涵蓋的範圍大概從彰化一直延伸到嘉義，有二、三百處鄉鎮，每處都有一個媽祖廟宇是從南瑤宮迎奉的；後者涵蓋的範圍，是從新竹到臺中跨過大甲溪，有五十餘處相當規模的媽祖廟，是從鎮瀾宮分的香。這兩家廟宇的出巡，各有自己不同的時間。每次巡境的信眾需要迎來媽祖聖駕，跟隨遊行隊伍繼續前行，然後再跟隨回到主廟，其行程都有七、八天，人數在十餘萬上下，其規模非常可觀。

臺灣在鄭氏時代，管轄的疆域主要在南邊的臺南、高雄、屏東一帶，超過臺中的部分其實不大。康熙征臺，全臺才列入中國的版圖，設立治所也是逐步進行。從鄭氏到甲午割臺，臺灣的開拓過程連續進行三百年。因此，無論哪個政權，其治所的分布及治理的深度都相當有限。移民的來歷主要有泉、漳和客家，他們之間既有競爭，也有聚合，媽祖廟乃是這些分、合的據點。再次一階的據點，就是各地原鄉帶來的保護神廟宇——例如開漳聖王的祭祀，就是漳州移民的中心。由於媽祖是南方海疆，中國海上活動者的主要保護神，當然就成為統合這些不同原鄉移民者的共同中心，也才得以形成超越這些原鄉神明的祭祀圈。客家移民有時屬這個圈子，更多時候他們是聚合於三山國王和關帝信仰之下——不過，他們也不會否定媽祖。本處以兩個最大的媽祖廟巡境為例，也是因為他們聲勢最盛，涵蓋的地區相當廣大。

媽祖出巡遶境，其隊伍通常包含頭媽以外的其他諸媽若干位。信眾抬著神轎，前有開路，後有扈從；到了各處分香的廟宇，當地的隊伍也會加入，包括當地的神轎和隨從的其他輔助神明。這些神明之中最不可缺者，則是千里眼、順風耳兩個海上活動必須要用的副神。此外，前面引導的主神中，有判官等有職事的「工作人員」，再前面前導者則是七爺、八爺：謝、范二將軍，名諱「范必罰」、「謝有恩」，一高、一矮，一黑、一白。從這名諱可以了解，犯了錯誤必有處罰，向神明謝罪則可以得到寬恕。這二位將軍的名諱，說明媽祖也還是具有懲惡獎善的神明。不過，從平日祭祀的情況來看，上廟燒香者總是有一個特定的目的，求禱告媽祖或是其他副祀神明的保佑，希望能夠脫離災難、獲得幸福。那一祈禱過程之中，似乎未必包括對於行為的檢討和反省。祈求得到了結果，回廟謝恩的奉獻，則頗有報償恩典的意義。換言之，在這一種民俗信仰之中，祈求幸福、避開災難是一個功能性的交換——先有許願，後有還願。臺灣開拓過程之中，不可知的災難太多，任何收穫都是得來不易，對這種心態我們也不忍厚非。

等而下之，如果沒有得到回報，有些信眾也就可能不再回廟，甚至可能改投其他神明祈求護佑。更等而下之，臺灣有一個惡風俗：信眾可能迎接一個小神明回家事奉，為了完成特定的目標。例如在抽獎風行、或是股票旺盛的時代，信眾的要求是某個神明開示「明牌」。如果中了，他們當然會向神明謝恩；如果沒有中，每次開獎之後的第二天，河邊上常常飄來一些斷手、折足的被破壞的神像！信仰，顯得非常現實！每個陰曆的初一、十五，很多店家會在門口的土地或者店內關帝神龕前燒香供奉。如果那個月的生意特別興旺，供獻的供品也會比較豐盛。從這些細節我們也可以了解，這些民俗信仰的實用性。楊慶堃所謂世俗的成分掩蓋的神聖性，也在這些方面可以見到具體的證明。

將無錫民俗信仰呈現的現象，和臺灣的情形對比，我以為無錫的情況代表一個數百年甚至上千年的傳統；地方的資源已經完全開發，而且經過長期的發展，已經到了穩定的地步。一個富足的地區，必須要注意到國家公權力和民間社會如何銜接。於是，神明之間的關係，也充分反映了這些需求：東嶽是代表中央權力，關帝和張中丞、于少保等等代表的是保衛國族的英雄，而張大帝、南水仙和西水仙，代表的是地方層次的開拓和安定。前文已經提過：每個神廟，都是某一個行業的聚會所；這個神就是這個行業的保護神，凡此專門的行業，又和地方的經濟發展密切相關。無錫是漕運的起點，南方收集的米糧先收集在無錫附近，再上船駁運到華北。無錫是魚米之鄉，也是絲綢業的中心，於是船工、紡織工等等也代表地方經濟重要的部分。每一家廟都與某一群仕紳有數代淵源，宏大的廟會以及平時寺廟在地方上發揮的功能，也有縉紳家族的充分參與。這些寺廟的活動，尤其每年一度的大廟會，正是整合地方菁英和社會經濟的各種參與者，呈現其共同體的團結性。在第一章我們曾經敘述過，無錫社會的福利工作，都是民間菁英領導、組織工商業者，共同照顧窮而無告、鰥寡孤獨的一般老百姓。這是一個成熟的社會，未知的意外不多，卻是需要經常保持已經確定的秩序，使其正常運作。

相對而言，正如前面所說，臺灣是個開拓的社會。雖然從開拓到今天，也已經有了四百年，前面開拓三百年的過程，只是因為日本占據臺灣曾經中斷。一九四九年以後，又有大批移民進入臺灣。四百年來，臺灣始終是在發展過程中的一個不穩定的社會。四百年間，由於政權的轉換和改變，始終沒有持續孕育和培養社會的文化菁英階層。一切秩序和對付未知意外的機制，都成為百姓恐懼不安的因素。一方面，臺灣的百姓必須要掌握手上能聚集族群的條件，譬如帶來原鄉保護神的祀奉，以保持族群的團結；又譬如對於種種意外的預防，和對於各種意外死亡者的哀悼和恐懼，都只能借神明的崇拜，獲得依靠和安慰。另一方面，開拓者可能常常是單身來臺，他們沒有真正可以依靠的家庭和族群；在遭逢困難時，除了燒香以外，別無他途。他們求禱庇護的對象，也往往是特定的：疾病時向醫神祈禱，生育時向生育之神祈禱，婚姻向婚姻之神祈禱……諸如此類。

龍山寺反映的現象可知，每個信徒都有特定的目標，需要進廟求得神佑。寺廟之內可以提供各種不同功能讓信徒選擇，到自己需要的神明座前祈求護佑。既然來了一趟，各處都走走，不要遺漏掉任何一位可能的保護者。也正因此，龍山寺等於是一個神明的集中地，進了廟門幾乎無事不能辦。信眾在祈禱、供奉以外，也會求籤、卜卦，請廟中的執事幫他們解答疑問，使他們能夠趨吉避凶。臺灣的現象，反映的是還沒有完全穩定的社會，種種的改變都在開拓之中逐步進行，開拓工作既是集體的、也是個人的，這就和無錫的小區共同體的集體認同有極大的區別。

上面談到臺灣媽祖廟的遶境範圍，幾個鄉鎮小圈圈聚集為一個主廟籠罩的大圈圈，又聚集為同一信仰的信仰圈。這種社群擴大為小區，小區擴大為地域，正是開拓社會的特點：先求擴張，然後求整合，才能夠有一個完整運作的社會。南瑤宮和鎮瀾宮的例子，顯示了一個大祭祀圈涵蓋的範圍，超過國家行政區畫的鄉、鎮、縣、區。從區位學的觀念來看，這兩大祭祀圈涵蓋的地區，其內部各地區有分工互補的功能：有海港、鐵路轉運中心、公路網，有城市、鎮集，有鄉、有村裡：在這一個圈子之內，工農商漁各種行業的資源，就在本區之內交流，幾乎已可滿足日常的需求。這一個大祭祀圈的治安，有各廟宇的信眾作為基礎，有各廟宇的核心管理人員作為中心，當然還有地方各行各業的領導者作為中堅——這個三層結構，已經可以將這個大區域整合為一。許多福利工作，也可以在這個大圈之內，聚集眾人的勞力、物力來完成。臺灣在關帝信仰名下的醫院稱為「恩主公醫院」，就是這種例證。各處媽祖廟和其他廟宇，在大災大難時，常可集合眾人的力量提供援助；在地方公益方面，他們也會集體地參與其事。自從臺灣民主化以後，這些大、小祭祀圈，乃是政治人物尋求草根支持的重要網絡。例如，鎮瀾宮的總理（現稱「董事長」），是地方上的重要人物；如果有心，他幾乎一定會當選為立法委員；他們的執事，也通常會當選當地的縣市議員。

從這些角度來看，我們才能夠理解，臺灣的都市化雖然已經逐漸跨越單一都市限制的條件，捷運、高鐵，將全臺灣已經拴在一起。可是這些祭祀圈才是具體落實的家鄉，一般常民生活起居、寄身託命的地方。在臺灣的都市化還沒有發展到美國的規模和程度時，這種祭祀圈界定的地方社會，可能是中國文化涵蓋區中少數還能發揮其功能的社會現象。美國的社會，地方區劃已經模糊了；一般的市民基本上是個別零落的個人，存在無所寄託，心情孤單寂寞，生活也是無可依靠的。對於臺灣目前還存在的現象，我們只能以將近黃昏的心情，欣賞無限的夕陽。

將無錫和臺灣的社會所作的上述比較，都屬過去的了。現在的中國正在由官方推動都市化，頗有揠苗助長的危險。臺灣的都市化，是從臺灣工商業發展後順潮而起的現象。這兩者，都會將中國文化的社會，引往美國式的都市大社會。上面的感慨，促使我們思考：在地方社會還沒有隱入歷史前，如何轉型才能使得中國人移植了歐、美式大都會，其中芸芸眾生還有一個可以安家落戶的地方小區？還有一個孩子們可以無所顧忌，在街上玩耍的地方？還有一個鄰里鄉長互相救助、互相慰藉的地方？這些問題，我想值得我們大家共同思考，共同規畫。

總結本章，如果以聖和俗為區分，中國人的民間信仰系統，毋寧是以聖從俗：神明的系統，實際上就是政權管理的系統，一樣有套分工的制度。一般宗教超越的理念，在中國的民間信仰中，也被還原於日常行為的模式；甚至於報應、輪回等等觀念，在民間信仰之中可能只是一個潛臺詞，並非核心關懷。人和神之間的交流，基本上仍舊是與人間之間的交易一樣：有承諾，也有還願；有祈求，也有報酬。於是，一般宗教中，神聖超越世俗的現象，在民間信仰之中並不顯著。在本章中，以無錫和臺灣兩處民間信仰的廟會和出巡作為例子比較，我們可以看見，這些信仰系統與小區的整合和營造密切相關。而小區之內的共同生活體，發揮了許多功能；在一般的建制宗教之中，信仰關注生活的程度，反而不如這種廟會的深廣。民間信仰涵蓋的小區現象，真可以作為比較者，可能是前現代的歐美基督教會和天主教會，對於小區作為一個中心的團結力量。在近現代中國的佛教、道教，很難具體組合臺灣和無錫民間廟會如此深廣的祭祀圈，如此具體的世俗性。下一章，我們將要討論中國的建制宗教，在那一章裡面還是有些地方和這一章互相呼應。

第八章

世俗化的宗教

楊慶堃先生討論中國人的宗教時，將建制性的宗教放在一邊。我們在前面討論民俗信仰，也是遵循同樣的原則，沒有觸及到中國傳統的佛、道二教。其實在這一方面，中國近代百年來，也未嘗沒有值得注意的現象：建制性宗教的世俗化。人生在世，憂愁煩惱、苦多樂少，不得已時尋求解脫，大概不外兩條出路：或者設想一片安樂世界，其中不再有人間苦厄；或者返躬自省、淬礪性情，自求安頓。前者是寄託於外，後者是修己於內。中國儒家比較注意後者，但也希望修己而後安人，建設一個比較像樣的世界。儒家入世而淑世，到底是哲學。其他途徑，在中國文化圈內，則是以佛、道二家為主流的各種教派。

先秦時代，中國實際上也有類似建制宗教的團體。戰國時期的墨家，其道德理念的部分應當是儒家的血脈之一。然而，墨家本身有「天」的信仰，有「鬼」的認知，也有教主「鉅子」，有紀律也有組織。在墨家談「明鬼」的時候，其實涵蓋的不只是死靈，也包含一切神奇力量。只是，墨家並沒有在這方面更多的發揮。於是，我們所見的「明鬼」部分，似乎只談到死者的現身，我們也不清楚，究竟這些現身是果報？還是厲鬼的威脅？墨家在漢代的學術分類，是列入道家者流。因此，雖然墨家在漢代已經逐漸消失，其經典也在後世才從道藏之中重新被發掘出來。墨家的出現和消失，只能說是中國本土建制宗教，還未成形就夭折中斷。

中國文化圈，包括中國、日本、朝鮮和越南，到底還是以儒家作為最主要的思想系統，所以無論佛、道如何興盛，儒家的主流位置仍舊無可否認。儒家本身不是一個宗教，卻也有深刻的宗教情緒：慎終追遠、崇功報德，都是一種細密的情感。我們單以文天祥的〈正氣歌〉為例，他對於那些歷史上的楷模人物，都視為正氣之所鍾：「天地有正氣，雜然賦流形，在地為河嶽，在天為日星。」正氣之在人間，就是他列舉的那些忠義節烈之士：他們將生命寄託於正氣，為了持守正氣，可以犧牲生命而不惜。這就是一個宗教情懷！宇宙具體存在可見的事物，山嶽和人的身體都只是一個載體；只有正氣所代表的宇宙精神，才是永恆和真實。如此面貌之下的儒家，雖然沒有宗教之名，實際上也具有宗教之實。於是，儒、道、佛三家如何相處，是中國文化圈內處處會碰到的問題。

漢代出現的《太平經》，無疑是道教教義的泉源之一。《太平經》中最突出的成分，一部分是均平的觀念——財富、地位、名聲等等，都會妨害人類社會之中應有的「均平」；另一部分，則是對個人德性的內修和提升，以期達到一定的品格。這兩者基本上也可看作，道教徒們在尋求一個美滿的世界，同時也努力完善自己在這美滿世界應有的品格。《太平經》究竟來源如何？到現在還不易得出結論。我以為，漢代的儒家既有〈禮運大同篇〉描述的大同世界，而且這大同之世必須經過小康之世的階段，本身就是三階段的發展。不過，《禮記》所描述的大同之世，是寄託於古代的王者，不在未來的新世界。同時，漢代儒家更有天人感應這一套宇宙系統，將超越的神力和人自己的行為，聯繫為互相呼應的體制。儒家最基本的理念當然是發端於孔子時代，特別表彰人需要經過反省、自修，培養一個高尚的人格。這些特點，和《太平經》提出的一些觀念也相當符合。只是如何從一個自然崇拜與祖靈崇拜相配合的儒家超越系統，轉變為一個建制宗教？是否不需要外來刺激，就能逐漸完成？我們無法判斷。

佛教進入中國，如果真是以東漢為開始，我們只能說是佛教的經典和傳道人進入中國的情形，已見諸紀錄。他們帶進來的零碎經典，在儒家和《太平經》鋪設的舞臺上，已經有有利於發展的土壤，佛教才能在中國逐漸發展成為建制性的大型宗教；而且連綿兩千年，具有強大的生命力。

佛教初到時，那些零碎經典被拼湊為所謂《四十二章經》，其實缺乏有系統的主要經典。初期的傳道人大多來自中亞西域，那裡的佛教已經承受啟示信仰的刺激（關於這一部分，下面還有交代），轉變成為大乘佛教，和印度本土的原始佛教已有相當的差別。佛教的名詞本來是以梵文討論，那是印歐語系的文字，和中國漢藏語系的漢文頗有差異。於是，很多名詞以及文句，傳譯成中文和漢語時，借用了中國原有的儒家、道家的一些名詞，這就是所謂「格義」，其中不免有勉強遷就之處。這一缺陷，要到唐代大量的佛教經典進入中國，才得到糾正。南北朝時代的五胡十六國，有些胡人君主認為在中亞、西域傳進來的佛教，與他們自己的族群來源比較密切，因此他們成為佛教的護法。其中，姚秦支持的鳩摩羅什翻譯了一些重要的經典，不少至今還被佛教使用。

唐代的玄奘西行求經，帶回來大量的經典。他在白馬寺畢其一生精力，翻譯佛經、傳授弟子。他帶回來的梵文佛經被直接譯成漢文，與鳩摩羅什等人翻譯的早期經典頗有出入。玄奘翻譯的印度文獻，其中其實還包括許多印度文化本身的哲學、美學甚至於文學作品，並不完全是佛教的宗教文獻。這些文本對於介紹印度文化進入中國，具有極大意義。（可惜，由於佛教經典的掩蓋，中國學者並沒有努力發掘佛教以外的印度文化。）唐代翻譯的大量經典，由於在不同的時期，對於原始佛教的闡釋也有不同的意義和重點。如果有些僧侶根據某些經典作為中心，建構一套他們對印度佛教的解釋，那就成為一個宗派。唐、宋之間佛教最盛的時候，有十餘個大宗派。宗派林立，當然反映佛教的興旺；另一方面，卻也不免使得佛教呈現出深厚的學術性，減少了對廣大信眾傳達教義的功能。

當時的宗派計有：律宗、成實宗、俱舍宗、三論宗、涅槃宗、地論宗、禪宗、攝論宗、天台宗、淨土宗、唯識宗、華嚴宗、密宗這十三宗派。這十三宗中，涅槃宗歸入天台宗，地論宗歸入華嚴宗，攝論宗歸入唯識宗。流傳迄今者，只有十宗。後來科判這十宗中的俱舍宗、成實宗列屬小乘經典。因此中土大乘宗派中，有影響的、現今仍流行的是八大宗派：三論宗、天台宗、華嚴宗、唯識宗、律宗、禪宗、淨土宗、密宗。各大宗派的特點，習慣以兩句話簡括說明：「密富禪貧方便淨，唯識耐煩嘉祥空。傳統華嚴修身律，義理組織天台宗。」（各宗名稱，所謂「嘉祥」乃指三論宗，因其中心曾在嘉祥寺，餘者不須解釋，一望而知。）

在中國的大乘八宗之中，「唯識」建構唯心論的宇宙觀；「三論」從事哲學論證的思辨；「華嚴」及「天台」可以並列為哲學中的美學理論；「真言」也是接近此道；「律宗」注重戒律與規範——這是任何建制宗教必須具備的基礎，按理講諸宗均不能沒有教律；「禪宗」則是著重於個人悟覺，直觀佛法精要。太虛大師說：「中國佛教的特質在禪。」諸宗也不能脫離這些基本精神。

晚唐開始，「淨土宗」的信眾增加，其他諸宗逐漸成為高深佛學的研究者，而對於一般信眾，有深奧難解的困難。「禪宗」雖然號稱是從東晉就傳入中國，從「禪宗」本身的特色看來，這一個宗派毋寧是在中國自己發展，我以為頗受孟子「頓悟」方式的影響。「禪宗」強調不著文字，直達「真如」。這種思考方式，和印歐文字的辯證很不相同。唐代中期，禪宗分為南北，北派比較偏於文字方面的說明和研討，南派五祖慧能開始特別強調，不識字的人也可以理解佛教經義。自此以後，「淨土」與「禪宗」兩派，浸然成為中國民間佛教的主流。至於近代中國佛教的發展，下文再予論述。

中國民間本來就有建制宗教可以出現的條件：有教團組織、有崇拜的儀式、也有專業的教士和固定的信眾。佛教傳入中國，刺激了道教的發展。從考古學上的一些線索可知，佛教進入中國的路徑，河西的絲綢之路是其中一條，南方從印度經過中國西南河流縱谷——即所謂的「西南絲綢之路」，這是另外一條傳播途徑；在江蘇連雲地區，孔望山的佛教遺跡顯示，經由海道進入中國也未嘗不是佛教傳入的第三條途徑。在道教本身發展歷史上，也恰好四川一地擁有許多早期道教的遺跡，最顯著者是漢中的五斗米道，顯然是道教的天師一派的重要源頭。從漢代後的魏晉南北朝開始，在四川一地道教的人物為數不少，更有可能是因為西南中國的原居族群，本來就有相當發達的巫覡傳統，提供了道教發展的本土條件。

東漢晚年黃巾崛起，青、徐一帶是黃巾軍活動的重要地區。西元一世紀，漢明帝（五九—七八年在位）之弟楚王英信奉佛教，就因為敬禮「浮屠」和交結方士，造作讖緯意圖反叛，而被貶自殺。三國時的丹陽人笮融（？—一九六），從屬徐州牧陶謙，據有下邳。他建造的佛寺可容三千餘人，經常浴佛設酒飯，招引信徒。曹操攻取徐州後，笮融領男女數萬人、馬三千匹逃到廣陵。這二位佛教信徒相隔百年，從他們的事蹟可以看出，佛教在青徐一帶擴張的規模可謂迅速。黃巾運動，與天師道密不可分。上述佛教的開展，當與道教的成長，有相應的關係。

簡言之，從這些蛛絲馬跡看來，道教發展的西南與東海岸兩個大地區，正與佛教傳入的兩條途徑有相當程度的吻合。當然，凡此都是推測之詞，真要落實考證還不容易。也許有一天，考古學資料會提供一些可用的證據，目前只能說是一種推測：佛道在中國發展，幾乎如同雙胎弟兄同步進行。

道教的發展，一開始就有「五斗米道」組織了一個他們心目中的安樂土，在小區共同體之內互助互補：經濟上互通，有大家共有的公庫濟助貧窮，也有地方的醫藥設施和組織以救治疾病。東方的黃巾軍所秉持的教義，可能來自《太平經》的平均主義，和對「三官」（天神、地神、水神）的信仰，二者互相配合又生成一種烏托邦的信仰。在這一個層面，正如前面所說，人類宗教的情緒本來就盼望有一個平等而又互助的組織。道教的起家，在理念方面借重了道家的思想；在道術方面，卻是從原始「玄教」（巫覡信仰與自然崇拜）發展為術數——從這基礎上，又發展出了「符籙」，這是一套禳災祈福、駁使鬼神的道術。魏晉開始，民間的醫術與呼吸吐納的養生之道結合為一，構成了「丹鼎派」的道教：用藥物成外丹，以內修練內丹。符籙、丹鼎二派，遂成為道家的儀式和道術的兩個特色。唐代皇室姓李，道教成為國教；到了宋代，尤其北宋後半段的君主信仰道教，於是唐、宋二代丹鼎、符籙之學非常盛行。符籙道術延續不斷，明代宮廷之中還是信仰經過符籙、求取長生。南方的「正一派」道教——也就是後來江西龍虎山張天師的一派道教，由於得到上層的支持，長期成為道教的主流，甚至於稱張天師為道教世襲的教主。

金、元占領北方，在漢人的土地上已經沒有漢人的統治者。河北新道教卻轉向民間，「全真派」和「真大派」等在河北、山東一帶發展，在民間建立了相當程度的自治小區，對內維持治安，對外與異族的統治者建立互相尊重的關係。全真派的丘處機，就曾經被蒙古皇室遠道送往西土，前往中亞備大汗顧問；丘處機的建議，則是力勸蒙古大汗戒除殺戮。今天許多讀者，從金庸的小說知道了全真派的名字，可是大家只以為全真派是以武術為主。我曾經在河北真定一帶，由考古學家陪同參觀各處遺址。在這一帶，我們也見到了許多金、元時代河北新道教的遺跡和寺觀、碑文。這些記載顯示當時全真派的活動，在教育、醫藥、衛生，水利、道路各方面的種種建樹，也致力維持當地的治安，以及盡力折衝與調和官民關係，使老百姓有比較和平、安定的生活。這些工作，毋寧是在塵世間盡力建設一個接近理想的社會。

從漢代開始，儒、佛、道三大系統，可謂中國人的主要信仰。此外，中國文化也不斷接受其他外來影響。最主要的一項，乃是流行於中東和中亞的一些信仰。在我認為，無論是基督教東傳一派——中國所謂「景教（Nestorian Christian）」，或者是伊斯蘭教興起以前在中東曾經盛行的啟示性教派，或者在北印度巴基斯坦一帶而盛行於中亞的大乘佛教，其最早的根源乃是波斯文化系統內的祆教，及其衍生的摩尼教。

當時的中亞、西亞，普遍存在從古波斯祆教留下的，主張度過劫難後由救主啟示新天新地的「啟示性」宗教。古代波斯的宇宙觀是明暗兩分，他們認為人類的命運分三個階段：從明暗不太明朗，到明暗之間鬥爭，到第三階段光明克服了黑暗，那是一個新的天地。在這個新階段，人類得到了永恆的幸福。神恩「承諾」的觀念，由波斯輻射往南影響到猶太教、基督教，以及後世伊斯蘭教，都有對於新世界永生的盼望。這一個理想可能與印度的佛教結合，將原始佛教自己超越自己的「自度」，發展為「度人」，使將來的人類有一個指望，可以永遠脫離人生種種苦厄。在中亞西域一帶，從秦漢到隋唐，中國曾有多次出現這一類啟示性的宗派。祆教的第一個神是阿胡拉（Mazda Ashura）；在末劫之世，啟示性的救主則是「密提拉（Mithra）」。密提拉的名字，在不同的宗派有不同的拼音，但是似乎萬變不離其宗，發音基本類似。因此，季羨林認為，阿彌陀佛與彌勒佛（Maitreya）也是「密提拉」。祆教傳播到印度後，在印度的佛教之中才分別發展為拯救世界的西方淨土佛和三劫之後的未來佛。（季羨林，〈吐火羅文彌勒會見記譯釋〉，《季羡林文集》，卷一一。）

在中國的民間底層，儒家的權威性比較淡薄，凡此救贖的承諾，提供了一般底層民眾的寄託所在。從上述漢代的《太平經》到黃巾的信仰，以至於後來經過天師道，一部分轉化為道教，另一部分又接納了摩尼教（波斯明教），轉化為中國方臘「吃菜事摩」的信仰等等，以至於最後成為元代或晚期的白蓮教。這一個寄生於民間底層的信仰，其實從來沒有中斷，只是在各時代以不同的名稱出現。這些底層的教派，雖然是以只盼望新天新地降於人間的救贖信仰，他們許多地方也還接納和融合佛教或者道教的一些教義，構成了跨宗教的多元民間教派。在接受佛教的部分，彌勒信仰本來就是佛教與西域救贖信仰結合的產物；彌勒佛是釋迦以後的未來佛，「龍華三會」以後，所有的人民都得到了救度，從此是永恆的平安。彌勒教派與上述白蓮教等等經常揭竿起事，宋、明時代多次發動反政府的民間抗爭。這些民間教派，實際上是混合的信仰，也納入許多民間傳說，甚至於文學作品中的數據。在中國的民間，延續不斷。在元末，從白蓮教的運動，轉變為明教，又轉變為朱元璋領導的驅逐韃虜，竟建立了明朝政權。在清代，乾嘉之時，白蓮教的活動，蔓延於中原、湖廣。清末、以義和團的名義，又一次出現，造成了極大的混亂。凡此民間的民俗教派，可說是佛、道兩家的救贖觀念，與中亞進入中國的外來救贖教派的合流。

與彌勒信仰相似而又不同的阿彌陀佛信仰，則不將理想的世界放在未來，而是放在死亡以後的另外一個世界。這個信仰的理論認為，阿彌陀佛是如來佛以前的一個佛，他庇佑人生，在人死亡後接引其靈魂進入西方淨土。在這裡，一個平靜安寧的淨土，是與俗世的穢土相對的另外一個宇宙；在這裡，信佛而又沒有惡行的靈魂，不必再經過輪回；因此，不會再面臨苦厄，當然也就不必再等候，彌勒信仰所主張三次劫波以後的最後一世。從阿彌陀佛信仰，又延伸為觀音信仰。觀音本來是阿彌陀佛的一個脅伺菩薩，也就是阿彌陀佛的主要助手。在印度經典中觀音菩薩是一個男性，但進入中國以後，由於觀音的功能是慈悲的救主，逐漸轉化為母親的形象，成為女性的菩薩。在印度經典中，觀音有三十三身，也就是各種不同的形象，其中確實也包括幾個女子形象。在中國的觀音信仰，卻是以母親的形態出現，安慰和救濟種種受苦、受難的靈魂。第三波的發展，則是也在阿彌陀佛手下有一個地藏菩薩。原來「地藏」兩字意義為：「地」是廣大如地，「藏」是深厚如藏。可是地藏合在一起時，漢傳的佛教卻將他解釋成為地下世界的救主，也就是地獄的救贖者。地藏菩薩曾經發願：「地獄不空，誓不成佛。」（「菩薩」是「佛」以下一階的神明，他不願在功德未滿以前，升等為「佛」，這一誓願也可接受觀音為何始終是「菩薩」而不是「佛」，反映了同樣的理念。）阿彌陀佛信仰的三個階層，與彌勒信仰對比都是屬個人層面，並不想在群體的層面尋求一個新的世界。這一選擇竟使觀音與地藏信仰，成為民間最普遍的信仰方式，代替了彌勒信仰，成為佛教之中很重要的一種信仰方式。

道教的理想世界不在世外，卻在人間，道教丹鼎派的修行也是個人層面的。外丹是借重藥物，尋求精神與肉體的長久存在，也就是長生。這一派的方法，本來是從煉金術演變而來，後來與中醫的養生理論相配合，成為借用藥物延長生命和保持健康的方法。內丹一派，則是希望將人身體之內的陰陽因素，在自己肉身之內重新結合，成為一個精神的本體；這個精神本體，不受肉體新陳代謝乃至死亡的限制，這精神的自我超越肉體——「元神」圓滿之時，可以脫離不能持久的肉體永遠存在，這就是長生的境界。道教之中，地行仙及白日飛升，都是形容「元神」終於脫開了肉體，成為不朽的自我。道教之中的「八仙」，都是號稱長生不老、永遠存在的仙人，這八位人物包括男、女、貴、賤，不同行業、不同身分的人都有，也有不同的形象，其實意在說明，世界任何人都可以達到不朽的神仙境界。

道教的理想世界，成為道教經典中列舉的三十六洞天、七十二福地；其中一大半乃是道觀所在，或是道教宗派的基地。這些地點通常在山野深處，甚至於想像中放在海上的不知何處。陶淵明筆下的「桃花源」，一些學者認為，其實就是道教思想之中一個理想的福地，要經過一個洞穴，才能到達這個不受外界干擾的和平安靜的社會。核對歷史上，道家「天師道」就組織了一個互相濟助、平等互利的福利社會。道教的道觀如上所說，很多是在山野深處，例如青城山、武當山、龍虎山，到了近代還是著名的道教聖地。道教的道士們可以婚嫁成家，與一般人無異。一個道觀，往往就是幾個家庭的集合組織；一個山的道觀，彼此間也是有無相通、互相濟助，成為自助的小小區。我自己見過，北京的白雲觀正在做修復的工作，觀中大小男女幾乎都參與修復各方面的任務，後院的住家之處，男女小道童也正在接受他們的母姊兄長的教導，識字、讀經等等。在抗戰時期，我曾在湖北居住，荊、襄之間許多城鎮，幾乎都有武當山道觀的分支單位，稱為下院。他們在當地是地方的活動中心，在日本軍隊侵犯湖北時，農村中的民團協助國軍抵抗日寇。這些民團之中，最常見的人物是武當山的道爺們，他們傳授武藝、指揮作戰，乃是抗戰期間的無名的英雄。因此，道教對理想世界的選擇是屬人間的，在這一方面，儒家的淑世觀念，和道教的理想其實相當吻合。

於是，在中國的民間，或者更恰當地說，有些文化菁英層次的人物，一個腳踩在儒家，一個腳踩在民間，他們就會嘗試如何整合這些不同的信仰為一個系統。福建的林兆恩開創了夏教，就是提倡三教合一：將儒、道、佛揉合為一個信仰。夏教維持的時間不長，而且具有相當的地域性。但後來在各處發展的類似運動，卻幾乎都具有夏教的影子。夏教代表的三教合一的觀念，在許多比較通達的讀書人之中並不罕見；也因此，所謂書香門第中的讀書人，完全可以接受家中其他成員選擇的佛、道信仰。在民國時代，曾經一度有人發起組織「孔教」，這個努力並沒有成功；然而有所謂「紅卍字會」，就是三教合一的組織。這一個團體的總部在濟南，開創的一群人士，男、女信眾都平等地參加發展和管理的工作。在民國初期以至抗戰以前，紅卍字會的發展十分迅速。那時東北已經淪陷了，紅卍字會在東北偽滿政權之下一樣非常蓬勃。在我家鄉無錫紅卍字會之下，有許多念佛會，也有所謂的「齋堂」——前者是許多家庭婦女，尤其女性長者經常聚會的場合，後者則是老年無依無靠的信眾，若干人組織為一個共同生活的單位。這些組織中，念佛的部分是屬淨土中的高宣佛號，靜坐的部分則與佛教的禪宗和道教的打坐並無區別。紅卍字會並無神職人員，祭神是在道觀，拜佛在佛寺，敬拜祖宗則在自己家中和祖祠之中。我的祖母就是無錫紅卍字會相當活躍的一個人，在她的臥室後面另闢一個小小院落，是她的佛堂，其中有儒、道、佛的主要神像：至聖先師、觀音和老子。他們在念佛會宣講的主要文獻是「太上感應篇」，宣揚善有善報、惡有惡報的現象。這群老婦人們，乃是地方慈善事業的主流，濟貧冬賑、救濟孤兒寡婦等等，都是他們一年四季按著時期推動的工作。

民間方面，一個明代軍人組織的羅教，最初是在漕運路線上，船戶、民工、護運的軍人之中發展，後來則廣泛地傳播於黃河、長江、淮河以至東南沿海。他們稱教主為「羅祖」，在各處水陸碼頭常有「羅祖庵」，老年無家的人士，頗有人以「羅祖庵」為安身之所終其餘年。

羅教結合了佛教禪宗和道教中的許多教義及傳統。從禪宗中羅教吸收了「心造一切」的概念，認為人的苦難是由於心欲造成，因此羅教追求無為、棄欲，以達到最高的內心狀態。羅教在一開始的時候，就自稱為禪宗的一支。同時他還從道教吸收了道玄這個概念，來解釋世界的形成。其認為世界是從真空家鄉中形成的，並演化為世界萬物。因此，外部世界不是禪宗的教義中那樣從內心產生的，而是事實存在的。

佛教方面，上述八大宗派，到了近代只有淨土和禪宗最盛。前面已經說過，因為其他宗派的學術要求較多。淨土的歸依者注重其信佛之誠，以宣念佛號為其持信的功夫。禪宗則是以「直指真如」的頓悟以為入門功夫，由於不著文字，卻注重敏銳的悟性。禪宗的「機鋒」，借重當時的一事一物出發靈性、開悟佛理，也就不太重視經典的研讀和闡釋。對於一般信眾而言，禪宗一路也是方便法門。

晚唐以下的中國佛教，禪宗特盛，繼而禪淨合一。到了近代，佛教界群賢輩出：禪宗出了寄禪及虛雲，淨宗出了印光，律宗出了弘一，天台出了諦閑，華嚴出了丹霞，唯識出了歐陽競無。儒家學者在近代頗有人採擷佛教思想，以組織其近代中國哲學體系。例如熊十力先生，借重唯識論援佛入儒，成為新儒家的重要部分；方東美先生將華嚴的宇宙觀，與他的美學理論揉合為一，構成了中國近代哲學中極堪重視的唯心論哲學。凡此現象，大致由於西方傳來的現代文化，激發傳統文化的菁英，必須努力檢討和重建自己的傳統。

綜合言之，自從佛教進入中國以後，佛、道二教並駕齊驅，互相刺激也互相補助，構成了兩大信仰系統。在唐代以前，可以說都在建構系統的時期，從無到有、從淺到深；到了唐宋之間，這兩大宗教系統已是中國建制宗教的兩大主流。無論佛、道，也已分歧為許多宗派，凡此宗派最初是以教義的差異，分別發揮其特有的重點：例如佛家的唯識宗、華嚴宗，都是從教義深刻的討論開宗定義。道家亦復如此，有內修、外修、丹鼎、符籙各種教派。唐宋以後——尤其宋代以後，佛教是以淨土和禪宗為主流，道教是以北方的新道教之一全真派，和南方龍虎山正一派的系統作為主流。這一個階段，無論佛、道的教派都逐漸傾向於民間，也更傾向於個人的堅信，認為信仰比教義的探討更為重要。這種發展，就逐漸將建制性的宗教引導走向民間。

二十世紀中葉中國分裂，在大陸上，由於政府以宗教為迷信，各種宗教活動都為政府強烈取締。尤其毛澤東之下，建國之初就曾經暴力壓制「會、道、門」，以至於民間宗教活動幾乎一掃而空。佛、道二家的建制型宗教，也只剩了一些由政府納入管理系統的主要寺觀和教派。我對大陸上宗教活動的地下發展狀況並不熟悉，在這方面沒有發言的能力。我所觀察現代中國宗教的發展，主要在於臺灣的現象。

清末民初之際，有鑑於佛教的衰微，虛雲大師以一身修習禪宗五大支派，承前啟後，融會了五宗禪修法門，為近代禪宗宗師。他的貢獻對於臺灣光復後的佛教，甚有啟發之功。更須注意者，乃是臺灣佛教的轉向人間。誠如上述，凡此趨向是從民國早期，太虛法師的「人生佛教」開始。抗戰以後，印順法師將太虛法師的「人生佛教」，解釋為針對重鬼重死的中國佛教，也就是佛教的輪回果報觀念，轉變到中國式的現實人間。印順法師的「人間佛教」，引用「阿含經」的話，就是：「諸佛皆出人間，終不在天上成佛也。」印順深信：以人類為本的佛法，要知道淨土所來，實行發願莊嚴淨土，那就是作為眾生一環的「人」，必須試著去和佛、菩薩共同在「人間」創造新的淨土，而不是在「往生」到他方的世界，去逃避現實世界的濁惡。

六十年來，臺灣至少有四家重要的佛教活動。一家是在臺中的中台禪寺，由剛故去的惟覺老和尚建立。他的想法是，所謂「教理以定知見，福德以為資糧，禪定以明心性」，以成就「內證無上解脫之道，外行弘法利生」之大業。他對僧眾的訓練，是根據佛教律宗的要求：「中台四箴行——對上以敬、對下以慈、待人以和、處事以真。」中台禪寺對於僧眾的管理，則嚴格地依照禪宗傳統的「百丈清規」：「一日不作，一日不食。」所有的比丘或比丘尼，都有大概半天時間用於工作，或者在菜園、葡萄園照顧作物，或者在糕餅房烘焙糕餅，或者在縫衣間縫製衣裳。這些產品除了供應本寺眾用，也供應中台禪寺辦理的中、小學學生的日常飲食。中台禪寺的主要建築，是由臺灣著名建築師李祖原設計，宏偉壯觀。其可以稱道者，是從最底層的大雄寶殿，一直到第五層最高的佛殿，每上一層裝飾愈趨向簡樸，最上一層只有一尊白玉的如來佛像。這一個方式，據說是象徵返璞歸真的佛法，從俗世一步一步提升，提升到最後只有純潔的佛法。（引自楊惠南，《佛教的思想與文化：印順導師八秩晉六壽慶論文集》。）

另一家則是在臺北金山的法鼓山農禪寺，是由聖嚴法師創辦的。聖嚴不是印順的直接徒弟，然而深受印順的影響——他自己在日本念佛學的論文，就是將印順的中國禪宗史翻譯成日文。農禪寺的名稱當然很清楚地反映，這一家寺廟是以禪宗為主體，他提出「心靈六倫」，是家庭、生活、校園、自然、職場、族群這六個倫理。他認為每個人在六倫所涵蓋的圈子之內，對待多元系統中的角色，都要秉持守分、盡責、奉獻的觀念，也要尊重、關心他人，以創造一個和諧、幸福的社會。從這些要求我們可以看見，他的六倫其實就是從儒家忠恕觀念，引申出來的一套做人原則。看上去儒家入世的成分，比佛教出世的成分還多一點。農禪寺雖然號稱是禪宗的寺廟，其實他訓練僧眾的方式，卻是淨土和禪宗並重，由學習者自行選擇偏重的方向。法鼓山也是一個學院，大概一半是內學院，訓練僧眾；另外一半則是一般的大學教育——不過目前，它的大學部分還沒完全發展成形，課程不多，學生也有限；內學院方面卻是他們工作的重點。法鼓山學院的校舍，是由建築師姚仁喜設計的，最引人注目者，是在一個相當樸素的木建築前面，有一個很大的方池，四周都是田野。這一個方池的意義，象徵著鏡花水月——也就是說，世界的一切現象，其實都是虛幻的影子而已。農禪寺主建築的四周，刻著金剛經的一些警句，例如「無所住，而用其心」；還有心經上的話如「五蘊皆空」、「色即是空，空即是色」等名句。這些經典名句，當然是淨土宗的傳統，又是佛法出世的部分了。

印順自己有個徒弟是比丘尼證嚴，她領導開創了「慈濟」的活動。證嚴其實並沒有真正從印順學習佛法，可是印順帶她入門，先替她剃度，然後送到別的禪寺接受「具足戒」。證嚴發願奉獻於布施的工作，倒是真受印順的吩咐。她的慈濟組織有一個大學，只有一部分是訓練比丘尼，大部分還是對社會開放的一般性大學教育。這個組織內有七、八家醫院，分布在臺灣各地。她也經常募款作為救濟基金，在各處救難、濟貧。這個組織相當企業化，中央部分分科辦事，有各種管理部分和執行部分。總的方向，則由信眾自己組織募款的活動，一級一級從小組到支部；有些信眾加入組織後，定期貢獻作為慈濟的活動基金。據說全世界已經有八百萬人參加這個組織，假如每個人無論大額、小額捐款，固定捐入慈濟，規模就相當龐大。慈濟的例子，反映印順入世的人間佛教理想的布施部分。至於佛法的訓練和傳授，則有證嚴的所謂「靜思語」，這些格言式的短語，審查其內容，也是中國文化傳統中常見的規勸和鼓勵的語句，並不特別屬佛教而已。

還有一位星雲法師，這位大和尚組織的佛光山佛教團體，是臺灣最大的一個佛教組織。在臺灣有高雄和宜蘭兩個基地，在臺北市還有好幾處道場，海外開拓的有美國、澳洲、馬來等處。他還在大陸的無錫馬山，和中國佛教領袖趙樸初居士合作，樹立了一尊大佛；大佛下面是規模宏大的佛殿，這是世界佛教組織的總部。星雲主持的內學院，是在宜蘭和南華大學一起開辦，在高雄佛光山也有一個訓練僧徒的學校。他各處道場都有年輕的比丘和比丘尼，一邊學習、一邊工作。他的宗旨是在教育，和傳布佛教。他的格言很簡單：「做好人、存好心、說好話。」其人間化，可想而知。他對徒眾的要求，只是一般的禪宗訓練，教導他們念經、坐禪，但是更多要從實際生活中體會服務人間的精神。在他道場中，普遍可以感受的氣氛，則是活潑而和氣，自由自在可是不失規矩。佛光山的氣氛，和中台禪寺的氣氛確實完全不同。

這四家佛教團體之外，還有華梵、玄奘兩家佛教大學，二者都兼顧僧眾的訓練和一般大學教育。二者規模都不算大，影響也比較小。要論他們的教派，也是禪、淨不分。這六個佛教團體擁有的徒眾，假如不算慈濟八百萬的捐款人數字，他們的總數大概也有二、三百萬之眾，占了臺灣至少十分之一的人口。而他們的影響力處處可見，尤其是教育和醫療方面，雖然不是著名的學術性大學，卻也是大家知道的學府。這些人間佛教的團體，在臺灣一般的生活氣氛，可說有相當的影響。假如沒有這些團體的活動，臺灣民間的宗教信仰趨向，將只限於上一章的民俗信仰，現實而具體的供奉祈福而已。經過他們的闡釋，實際上將儒家的倫理和佛家的教會，合成民間的文化教育。

臺灣的道教，其發展的情況比較局限。一則因為滿清一朝對於道教頗為壓制，道教沒有機會出現像近代佛教的人物；另外一方面，從大陸遷移到臺灣的道教，是華南、閩粵一帶的一支閭山靈寶派，在大陸上也不在主要宗派之內。而在臺灣本地，古代南方「玄教」的傳統神媒，臺灣稱為「童乩」，在臺灣民俗信仰的廟宇中，已經擔任重要的角色。正統的道教，幾乎沒有可以插足之地。雖然情勢對道教不利，道教在臺灣也還是有一些重要的轉變。例如，臺北的行天宮奉祀關公，在行天宮內他們已經革除焚香燒紙的儀式，而將信眾的捐款開辦醫療診所和恩主公醫院，也開辦了一些免費教育的中學或職業學校。在臺灣各處的道觀，大致是以關公和呂祖作為主要的神明，他們在道觀之中，也經由「扶乩」幫助信眾解惑。經過這些工作，道士們也努力向信眾推廣道教的信念，呈現強烈的世俗化現象。

臺灣道教中，教內人士致力學術工作者不多。然而頗有研究道教教義的學者，因探索教義而受　成為道士，例如李豐楙（中研院研究員）、施博爾（荷蘭人，留臺灣研究數十年）。這一現象，也無妨看作道教世俗化的另一面。

我們必須認知，道教不同於佛教，其基本精神乃是積極的。《陰符經》的「宇宙在乎手，萬化生乎身」，和〈真氣還元銘〉的「天法象我，我法象天」，都抱持天、人一致的觀念。人既可能修到與天地同壽的長生不老，也就不必出世；既可以開闢洞天福地，也就不必等候劫難以後的另一世界。因此，道教神仙——例如「八仙」——

可以在人間度化有緣人。神仙度人是救世，當然更可以教導世人，或以靜坐，呼吸、導引，或以藥餌、飲食，經由修身逐步提升，期盼培養出元神。為了救贖眾人於一般的苦厄，又何妨醫病、救困？我在抗戰期間，曾經見過一位青城山的道士，當地人士尊他為「藥師」；他一年之內，有七、八個月時間憑仗一柄方便鏟野宿深山，白天則四處採藥，餘下的日子巡遊各處偏僻村落，行醫施藥救助眾生。這種作為，就是修行。臺灣道教宮觀開設醫院、推廣醫藥養生之道，其入世精神固然是世俗化，又何償不是道教原有理念的具體落實？

最後要討論的一家民間信仰，則是在臺灣頗為普遍的一貫道。這是諸教合一傳統的現代支派，據他們的資料可知，其源頭是前文提過的「羅教」。羅教傳流各處，與別的民間教派頗有分合。在清末民初，一貫道已經有相當發展：四川、東北、河北等地均有一貫道的支派。一九四八年中國分裂，天津的一支隨同其「師母」傳入臺灣。在臺初期，政府對其頗加壓制。然而，該教在民間依舊逐漸開展，臺灣改革開放後一貫道終於合法存在，成為人數眾多的教派。現在，一貫道有人數以百萬計的「道親」。他們分屬五、六十「支」，彼此各自發展，似乎並沒有統一的總部。各支發展各有自己的對象，於是「道親」的成分具有不同知識程度的水平；教義重點和閱讀的經典，也就各有特色。這種彈性，也許正是他們發展迅速的原因。

一貫道的信眾，也會彼此扶掖照護。老、病、獨居者，附近「道親」會有人訪問陪伴；孤獨的長者也可以捐出財產，進入齋堂盡其餘年；信徒死亡，當地道支有全班志工處理殯殮埋葬等一切事務……這是我親戚家的經驗，因此我有直接的認識。

一貫道主張五教合一，儒是執中貫一，修心養性，仁德心；道是抱天守一，修心練性，善良心；佛是萬法歸一，明心見性，慈悲心；回是清真返一，堅心定性，惻隱心；耶是默禱親一，洗心移性，博愛心。《認理歸真》簡約為「吾人的本性，儒教謂之良心，佛教謂之金剛，又稱為菩提心。道教謂之生死之門，總而言之，即是佛性也。」一貫道雖然號為五教合一，實際上還是「三教」為主：「行儒門之禮儀，用道教之功夫，守佛家之規戒。」卻沒有「敲打念唱、畫符念咒」的佛、道儀式，而是傳統祭拜祖先的場合，端正衣冠，虔誠默念，鞠躬致敬。佛家有如下戒條：「不殺生、不偷盜、不邪淫、不食酒肉、不妄語。」一貫道的信徒也吃素，這種觀念源自佛教，但也未嘗不可能遙接宋代摩尼教徒吃蔬的傳統。臺灣街上常見素食處，清晨上班以前，夜間人靜以後，這些「道場」處所就有一貫道道親集會，聽經禮拜。一貫道是一個諸教混合的教派，對於其他宗教的教義加以揉合而成，這一過程，頗有曲解其他宗教內涵之處。尤其對於基督教和伊斯蘭教，一貫道的解釋，其實常常和這兩個宗教的本質有相當的距離。世界別處也有類似多教合一的信仰，例如，從中東發展的大同教（巴哈伊教，Bahi），也不免有同樣誤解的問題。

一貫道的教義認為：在宇宙開始以前，真空的世界沒有生命，「無生父母，真空家鄉」，卻有許多「原佛子」，後來就是生命的本質。宇宙的最高神，被稱為「明明上帝」，以日月為符號，不僅是治理宇宙的大神，而且也對每個個人的行為有判決之權。人在世間受七情六欲的影響，逐漸喪失本性，於是上帝將世界從開始到末日稱為「一元」，「一元」又分為十二「會」，一「會」一萬零八百年。又有青陽、紅陽、白陽三期，各期均有劫數。人因其行為，必須歷劫蕩滌才能轉劫，等待最後寂滅的安頓。

不過，現在有些一貫道信眾認為，現今「白陽」的第三期是儒家應運，應從儒家修己以安民的抱負來挽救人心，走向大同。也有些信眾則預言彌勒再來，應當修道、度人，等候彌勒應運再來。更有些信眾將劫難解釋為內在心靈的劫難。解除之道，就在抱持「清口、清身、清心」的修持功夫，謹敬度劫：那就更是從啟示信仰，提升開闢新境界了。

由以上陳述看來，這一教派因其內在教義的彈性，教內並沒有定於一尊。這一教派的各支，因其成員的成分各有自己選擇閱讀的經典，也有他們自己對教義的闡釋。一貫道內並沒有像天主教神父那樣的神職人員，也就無人有權代表神明清除人的業障。每個教眾都是自己要付全部的責任，歷盡劫波。個人對自己的行為，要負全部的責任，只有自己以其修持功夫——就是以「心」駕馭自己，才可能度過劫波，終於寂滅。由於支派各有自己的闡釋方向，大學校園中的支派，其對於教義的理解，就和教育程度交叉的信眾所理解的教義有很大的差異。我以為，正因為一貫道還在如此發展的過程之中，頗有提升和改變的空間，其前途竟是不可限量。

綜合言之，中國人的宗教信仰，無論佛、道或其混合教派，在近百餘年均呈現淑世的趨向，亦即楊慶堃指陳的「世俗化」：從理論的闡述轉化為虔敬與實踐，由尋求出世的解脫轉向入世的救助與扶掖世人。凡此趨向，一方面可能接受儒家修己而後安民的傳統理念；另一方面，也與近代世界例如基督教的發展方向相似，由接受神學理論走向注重虔信的教派運動。這一從「神聖」走向「凡俗」，也許是各處類似的歷史趨向。

以臺灣目前的情況而論，幾個宗教系統互相影響，也互相學習——大都是走向人間，而且參與許多社會工作。整體而言，對於臺灣的整齊風俗頗有裨益。他們的社會工作，也頗能輔助和加強國家或其他社團的工作。而且，從上面所述大概可以瞻見，這些宗教有一些人間化的趨向，大致上減少了許多過去宗教信仰的迷信成分。臺灣的社會正在轉變之中，城市化的過程使得過去社群、小區聚合個人的功能逐漸淡化，有了這些宗教，個人比較不至於迷失於漠不關心的群眾，社會不至於有離散的危機。

第九章

共生共存的人際網絡

人類是群居的動物，如果人類沒有集體的組織，個別個人沒有虎豹的爪牙，沒有馬和羊的奔跑速度，也沒有大象、犀牛的大體積；人不能上天，也不能入水，在這地球上，人類根本沒有和其他生物競爭的能力。正因為人類可以合作，才終於主宰了這個地球，奴役了其他的生物。

在世界各地的人類歷史，無處沒有人類的集體組織：有的是村落，有的是部落——到了近代，則是民族和國家。這些團體，都不如所謂小區和社群，更有凝聚個人的能力。中國幾千年來，凝聚個人的群體，大家都以為是親緣團體和親緣團體的延伸。相對於亞利安種族（大多數的白種人），中國人親緣凝聚力遠比他們的戰鬥集團，更為持久和具有彈性。而且，親緣組織的根本假定，是從血緣組織的家庭擴大而為不同性質的集體，其生物性的本能，更接近自然的共同生活的要求。

親緣團體當然最核心的是，配偶與親子組織的核心家庭。在許多地區的人類社會中，這種核心家庭無不是最基本的組織。若干核心家庭，如果能夠順著世代的延伸而擴大，同祖父、同曾祖父（或者同祖母、同曾祖母）等群體一代代的延長，每一代若干個別的核心家庭，就會結合為一個巨大的族群。幾個有親戚關係的大族群，結合為同一個生活共同體，就可能是部落或者村落。這種現象，在民族學的研究中並不罕見。只是中國的親緣組織，擴大為類親緣的共同體，其淵源甚久；而且又有儒家的倫理作為其合理性的依據，在世界歷史上，中國人注重家族的觀念，就成為民族學和社會學上幾乎獨一無二的例證。

費孝通先生在研究中國東南的農村組織時，就將這種的大型共同體，稱之為差序格局的人際關係。回顧更為久遠的歷史背景，商代以前中國各地的新石器文化社會，其組織形態可能就具有以親族為基本的共同體。但是，我們沒有足夠的數據，去重建這種組織的特性。商代的統治集團稱為「子姓」，以王室為中心。顯然有許多分封出去的單位拱衛首都「大邑商」，然而，我們並不清楚這種組織的詳細內容。西周統一了中原，有計畫地規畫了封建諸侯，以藩屏周。這一個封建秩序以王室為中心，每一個分封的單位，有的是王室子孫，有的是王室的姻親——當然，除了王室姬姓以外，姬姓的老同盟姜姓與姬周同居統治的位置。周代龐大的分封網，其封君不是姬姓，就是姬姓的親戚。我曾經在「西周史」中說明，君統和宗統二者不能分開：上一層的封君就是大宗，下一層的封君就是大宗分出去的小宗。相對每一階層，大宗擁有祭祀祖先的權力，小宗的封君必須經過大宗的祭祀，才能取得祖先的護佑。於是，政治權力的分配是一個金字塔的形態，許多小金字塔累積成一個大的金字塔，一層一層，其親疏遠近就決定了權力大小。從西周到春秋，大致都是如此格局。當然，春秋時代就是這一個金字塔逐漸崩解的過程；到戰國時代，如此的權力金字塔，已經和親屬金字塔脫鉤了。

子姓、姬姓、姜姓……這些所謂「姓」，其本來的意義，只是源自同一祖先的群體。此處所謂「祖先」，在人類學上，可能就是有些學者稱作為「圖騰」，並不一定是「人」，也可能是特殊的生物，或者神體——當然，都是憑藉一種虛構的傳說，以結合許多不同的親緣小集團，建構為一個比較大的群體，才有力量和附近的群體，競爭而共存。西周時代出現了「氏」，這是「姓」下面的分支。舉例言之，姬姓的周王室，分出若干王子各自建國——例如魯、晉、衛等國，他們就是「姓」分出來的「氏」。魯國的公子，例如孟孫、叔孫、季孫，則是公子們從魯氏分出來的另一層次的「氏」。「氏」之成立，必須等到第三代，才能正式當作一個單位。前面兩代——也就是兒子和孫子的時代，都仍舊歸屬在原有的「氏」內。這「姓」、「氏」的不同定義，在戰國時開始模糊；到了秦漢已經完全混合為一——所以才有漢高祖在《史記》中，被稱為「姓劉氏」。

同姓、同氏的父系系統之外，西周實行外婚制。因此，同姓的人不婚，一定要娶外姓的女子為配偶。這種安排，是以婚姻的關係彼此交換其女性成員，將若干姓集團結合成關係密切的大同盟。姬、姜二姓世代為婚姻，從西周開國就是周王國統治階層的兩大成分。當然，他們又個別和其他的姓氏建立婚姻關係。於是，縱向聯繫是宗族，橫向的聯繫是姻親。周代的封建網絡，經過宗親和姻親兩個方向紐帶，聯繫當時整個中國的封君，建立了一套非親即戚的關係網。這個大網絡之內，如前所說，有親疏遠近之分，世代漸遠關係也就慢慢疏遠了。姻親的關係更是如此，老親如果不是繼續若干代不斷通婚，親戚之間的親密關係也就會淡薄了。這就是費孝通所謂「差序格局」的解釋。

我以為，假如用同心圓的方式解釋這種格局，可以將每個人視為一個大網絡的中心，親疏遠近的不同，決定了他人與中心人物親密關係的程度。親緣關係內，個人盼望得到團體的庇護——所謂人多勢眾，群體生存遠比單打獨鬥為有利。另一方面，個體能享有親緣共同體的庇護，也就必須對於這個共同體盡一定的責任。權利和責任，因為「社會關係的距離」而決定其程度。近親之間互相幫助的責任，就比遠親之間更為具體；個別成員能夠從近親得到的幫助，也就比遠親之間更為自然。以這個觀念來看，中國人的人際關係網絡內，每一個人和另一個人彼此之間的權利和義務，都是相對的。在今日西方世界，個人主義的先決條件下，所謂人人關係都是平等，卻與中國的人與人間的關係並不一致，二者呈現完全不同的思考角度。

這種親疏遠近關係的差別，在宗族的祭祀儀式上，就呈現為個人牌位排列的秩序和高低。在墓地上，也呈現為個人墳塋位置的安排，成為扇形的展開。最顯著的表現是喪禮上，每個人喪服的形式和材料都不一樣。對於最親近的人，例如父母之喪子女戴孝，穿的是最粗的痲布，而且沒有縫線、沒有緝邊；親屬關係逐漸疏遠，孝服的材料逐漸細緻，也比較接近常服。這種喪服材料上的差異，也就決定了死者和他們的關係，以及他們可以得到的權利和應盡的義務。我記得在我年輕時，親友們的訃聞，要送到六種關係人的手上：親（同姓）、姻（姻親）、世（世交）、僚（同事）、年（同科）、學（同學），至少這六類關係都要送到。至於遠近的鄰居，其實關係更為密切，如果沒有其他特定的關係，通常放在「世交」的範疇內。如此龐大的關係網，如果一個顯著的家屬，可能牽扯到數百、上千的人口，也往往超越了他的居住地點。

除了家族姻親的關係以外，實際上，中國還有一種類親緣的差序格局。在中國，佛家和道家的宗派，模仿了儒家的親屬觀念，師弟之間也有類似父子的稱呼——所謂「師父」，一日為師，終生如父。同門師兄弟之間，也是類似家族的手足關係；以此推而廣之，師兄弟下面的徒弟們，彼此也是以堂兄弟相稱，而且尊上輩為伯叔。同樣地，民間的手工藝和商店的學徒，對待「師父」也如同自己的父親。民間許多社團，例如著名的「漕幫」，是水路工作人員的幫會，新會員入會必須要有師父；因此，師徒論輩分，同門師兄弟之間的關係也如家族成員。江湖上，各種的民間宗教或是職業團體，幾乎無不具有類親緣的組織。

同門讀書的儒家師兄弟，甚至於私塾和書院的學生，其模仿親族的結構更不在話下。推而廣之，科舉制度下同年考上科名的舉子，都認閱卷的主考者和總主考為老師，稱為「房師」、「座師」；同年之間，彼此則稱為「年兄」、「年弟」。在官場上，科舉同年是個重要的網絡，彼此扶持、結黨結派。這種個例當然是以利相結，未必有真感情，其所謂親緣的關係也只是比附而已。

因此，上一節所說的，親戚族誼所具備的差序格局，成為普遍存在網絡關係的基礎。差序格局的特色，在於對外是一家，對內卻有親疏遠近的差別。如上所說，這種親疏遠近，很具體地確定了人際關係裡個體的權利和義務。除前面所說喪服制度以外，在社會關係的實際運作上，這種親疏遠近通常被稱為「倫常」。所謂「五倫」，都是相對的；在公的方面，君仁臣忠；在私的方面，父慈子孝，夫婦敬愛，兄友弟恭

——以上是親屬之間的相對關係。朋友／鄰里之間彼此有義，而朋友之間又以年齡和資格的高低，排列類似弟兄的長幼秩序。凡此相對關係，也就無形之中規約了人際相處在什麼關口，對什麼人要給予什麼樣的幫助；同時，對什麼人可以期待什麼樣的援手，也會比較清晰。

整個中國的社會，籠罩在如此龐大綿密的網絡之下。人與人之間有一定的預設關係，不需要經過法律，自有必須信守的規則。從好的方面說，個人不會完全孤立無助，艱難困苦時必定有人可以伸出援手。中國人可以清楚地知道自己在網絡上的位置，也不至於有失落孤獨之感。

另一方面，從壞的方面說，個人的行為，舉手投足無不在眾人監視之下；人和人之間的規律之嚴，甚於法律。在這個傳統社會的網絡下，人與人之間的互相約束、互相監督，使人人無所逃於天地之間。西方社會的個人自由，對於傳統的中國人來說很難理解。中國人的「修養」，就包括了清楚地理解自己在網絡中的位置，不至於踰越。一個人要在廣大的群眾之間，自己知道分寸；而且要懂得在差序格局的約束下，如何忍受嚴格的規矩。唐初，山東鄆郡張家九世同居。唐高宗詢問這一家的家長：怎麼能做到九世同居而不分家？族長在紙上，寫了一百個「忍」字——因此，張家的祠堂名稱為「百忍堂」。

假如從生活共同體的角度來看，這種差序格局，就是結合一群親緣或類親緣關係的人口，以深度的合作，組織為一個同生死共榮辱的共同體。明代，浙江的鄭氏百年同居，稱為「天下第一義門」。據說每日用餐時，一人不到，全族等候；甚至於鄭家的狗，也等別的狗到齊了才開始用食。我在香港新界，參觀過當地鄭家的大圍，這個上千家的大村落都在牆內挨戶排列，每家不超過三間房。他們全族共有海浦新闢的土地，按照各家的勞力分配耕地。新界除了鄭家，還有文家也是如此：全族共有開墾的土地，每年要按照勞動人口劃分各家的耕地。這種「小共產」，並不需要馬克思理想，只是按照中國的差序格局，組織了一個生活共同體。

從東漢開始，以至於到唐代，鄭家、文家這種大族，在北方聚族而居，數千上萬的人口，依賴烏堡抵抗北方的胡人。遷移到南方的移民，也是以家族為組織，成群結隊開發南方的土地。宋代以下，則是地方性的親族集團，成為更常見的組織形態。這一類的族群延續到近代，也就是我們所熟悉的宗族。將近一千年，這一類的族群在地方上擔負起集體福利的任務。一個縣內，這一類的宗族其人數大致兩、三百人，也很難超過五、六百人。他們有一個核心，通常是以「祖宅」的方式——無論在城內或是在城外，圈成一個大院。這份財產不屬任何個人，而是屬整個族群。其中上百數的房間，並不完全固定屬哪一房、哪一支居住，全族人按照需要分配住房。通常最發達的一支，會居住在主要的內院；其他的房和支，則各自按照需要居住在邊緣，還是散開的房間內。每一房或一支各自過日，所謂「同灶分炊飯，共甑各烹魚」——也就是共居而分財。只有在節慶祭祖的時候，大家會在一起聚餐。

一個宗族通常擁有一些祖產，也許是田地，也許是店房。這些產業出租的收入，就是族內的共同財產。老弱貧寒的族人，平時依靠這些祖產的收入補貼他們生活。孤兒、寡婦當然更是名正言順，用祖產維持其日常需求。族內會有一個學堂，使用祖產聘請老師——也許老師就是族內的老書生，教育族內兒童。有出息的孩子——在過去是趕考，在現代是上學——自己本房無法支持時，其不足之數也由祖產供應。男婚女嫁本房本支無法獨立辦理時，一樣也是用祖產補貼。發達的房支，會在自己能力範圍之內，購置更多的產業捐獻給宗族——這種親族圈內的「小共產」，在將近一千年左右，使中國相當一部分人口免於飢寒，而且還有發展、發達的機會。

以我自己所見為例。無錫一縣，據我所聞有五、六十個宗族，每一族都有或大或小的祖產，提供族人生活的基本保障。我們家的祖宅在無錫東城，有一個五、六畝的大院，還包括一個桑園；城外還有數十畝良田，出租給佃戶；城內也還有一些佃房，其租金也是祖產的收入。上一節所說的補貼老弱貧寒，以及維持學堂等等的費用，就由這些祖產的收入支付。我印象中比較特別的一個部分，則是桑園內有數百株桑樹。我的祖母，是主要一房的女家長；春天的時候，由他老人家率領全族女眷採桑養蠶，待結成繭實就由繭行收去。這一份收入，就是全族女眷的零用錢，寡婦的額外補貼、女孩上學的置裝費用、女兒出嫁時的添妝等等費用都從這裡支出。有些壞掉的蠶繭，那些亂絲就是我們學生們墨盒裡面的絲絨。

在乾嘉時我家人口不少，單在大院內居住者，包括族人和僕役大概就有兩百人左右。太平天國之亂，東南受害極大，「家家涕痕」：我們許家損失男婦三十八口，四支之內有兩支絕後。族人四散逃亡，有些從此沒有再回來。老宅被太平天國的守將占為王府，有一部分院內變成太平軍的火藥庫。太平軍亂後，要收拾這三十八口死亡者，自己族內只有四個男丁，全賴出嫁的幾個女兒——他們也蒙受大難，但是這幾家姑奶奶們，還是盡力回饋娘家，安排喪葬。這就是親戚關係，從親族延伸到姻親，彼此間互相提攜以度過難關。從太平軍後直到抗戰前，從我的曾祖父先父，經過三代人的努力，修繕祖宅、恢復祖產，使故居大院仍是全族「歌於斯，哭於斯，聚族於斯」

的地方。在我的印象中，無錫城內以及一部分城外的大家族，不下二、三十家，彼此之間都與我們家有千絲萬縷的「老親」關係。如果沒有這種以親族為基礎的共同體，許多大族不能夠撐過難關。

模仿親緣組織，則是各種社團本身的內部關係，例如宗教團體，佛教、道教的寺觀和其他宗派；或者民間組織——漕幫和其他地下或半地下的團體。這些組織也用父子、叔侄、兄弟的名稱，界定他們的人際關係，我們可以稱為「類親緣組織」。寺院、宮觀本身就是家庭一樣的結構，因此，他們的成員，也是在團體之中有一定互相幫助、互相支持的義務。漕幫是中國水路交通的員工組織的，類似工會的大團體。他們成員之間組織為一個龐大的弟兄團體，個體面臨的生、老、病、死以及其他需要的事務，都由漕幫於必要時加以協助。最顯著的是，在各個重要的碼頭都設有羅祖庵；年老退休或者生病的弟兄們，都可以住在庵中。又例如，造船工人、鐵工、木工，都有自己的同業公會：南水仙、火德星君、魯班廟這些祭祀地，對於同仁一樣有種種的照顧和互助的責任。

將許多不同的親緣關係網，混合類親緣關係網，以「鄉土」的觀念編織為更龐大的地方組織——這也是傳統中國，權力結構中很重要的一環。雖然中國號稱是大一統的帝國體制，自古以來，中央的權力其實不大；真正的治理實體，各個時代並不一樣。遠的不必去說，以近古而論，從宋代到清代，大致都是以縣級作為真正的治理單位。縣級的社會，乃是自主性的共同體。清代的縣令單車上任，身邊只有三、五個祕書，再加上屬僚和助手，整個縣政府工作人員，也就不過二、三十個人。一縣人口通常在十餘萬到五、六十萬之間，真正的日常事務，其實不在縣衙門，而是通過民間的自治來處理。

以我自己家鄉江蘇無錫作為例子。大概乾嘉以後江南大定，滿清政府不再擔心江南會有叛變。同時，江南的仕紳集團，自從明代以來已經逐漸成形。這些仕紳真正地執行了地方的管理工作——每一代大概總有二、三十位仕紳，代表三、五十家大族共同參與地方管理。這些管事的仕紳，並不是以財富或是官位參與地方的管理工作。雖然沒有明確的選舉制度，大致上還是以人品和性格，作為大家是否擁護的標準。每一個參與管理的仕紳，又代表了至少兩、三個大族；大族與大族之間有著千絲萬縷的婚嫁與友誼，都是彼此知道根柢可以信任的。

無錫縣內除了仕紳以外，當然還有許多商家和作坊。近代以來無錫又以小上海著稱，有不少江南的企業家在當地設廠，也在其他地方設廠生產日常用品，當地人的資源確實相當豐厚。管事的仕紳過去並沒有特別的名號，但在近代，則以「商會會長」的名義，作為領袖領導群倫。北伐以後，無錫的仕紳領袖，先是楊翰西、後是錢孫卿，兩人都不經營企業，只是因為他們人望和學問得到大家尊重，才擁護他們出頭管事。在軍閥鬥爭時代，為了防止過境的軍隊進城騷擾，地方的領袖們就出頭與軍隊談判，付出一筆開拔費，使他們不再進城。無錫地方上的福利，有不定期的修橋補路，也有每年準備一定的救濟金，用來接濟從江北南下逃春荒的難民。經常性的福利，還有育嬰堂（孤兒院）、養老院和乞丐的安置所——這三個項目大概都是從乾嘉之際開始的，延續到一九四九年為止，前後有二百多年的歷史。這些費用，都有仕紳們按例向企業界和工商業取得捐助，委派可靠的人員監督和管理。

仕紳家族的女眷們，也並不閒著。我的祖母就是當地念佛會的副會長——會長和兩位副會長，都是當地人物的老太太。他們以念佛會為網絡募捐款項，冬天送寒衣，青黃不接時也募集糧食，以救濟當地的貧戶。他們督辦的「齋堂」，就是守寡無靠的婦女可以養老的地方——這些婦女，同時也是養老院與育嬰堂裡工作的人手。

每天早晨，管事的仕紳們在「新公園」的一個茶室聚會，討論公眾事務；外面的大間則坐著一些普通百姓，等候提出各自的請求。也有各行各業的主要人物，隨時聽取仕紳們向他們交代的工作和承諾捐助的款項。在將近中午時，一縣之長才會到達茶室，聽取這些仕紳們的決定。整個一縣事務，基本上是老百姓自己在管，政府奉行他們的意旨而已。

這種形態的組織不是無錫獨有，當時整個的江南幾乎處處都有同樣的社會結構，以當地民間力量管理當地事務的體制。江南以外，我相信中國各處比較富裕的地區，大概都會有類似的社會組織。

稍微和這種方式不同的，則是北方戰亂較多，比較不安定的地區，地方人士也會有以自衛為目的而組織地方自治。在抗戰時期，我家有一段時候住在湖北西北部，也就是先父工作的地區。與老河口相距不遠處，河南西南部的宛西（南陽）地區——內鄉、淅川、鎮平等五縣，曾經有一位別廷芳組織了自衛隊保衛豫西五縣，使得土匪不敢進入。他只是一個當地中等地主出身，讀過私塾，也讀過師範。眼看家鄉不斷遭受匪害，殘破不堪，他出頭糾集鄉里親朋好友，組織民團保衛鄉里；同時發動民間力量，進行建設。他們開發小型水利系統，提升當地的農業收入，也興辦各種小型的現代企業，例如水力發電站、農具廠、紡織廠、麵粉廠等等。他推行保甲制度家家聯防，使奸宄無所藏身。嚴刑峻法之下，當地居然可以做到路不拾遺，夜不閉戶。河南省政府委派的縣長，只是在任垂拱而治，手上並沒有實權。

別廷芳組織的地方自治，其運用的網絡關係，也就是親戚故舊和地方原有的宗族組織與信仰團體。這些千絲萬縷的關係，編織了綿密的差序格局網，才可以不經過法律，純粹依靠人際關係形成一股力量。他們強調人人盡力為己為人，以保持鄉里的安全和繁榮，從私擴展到公，實現傳統中國的理想社會。

從上面所說，差序格局的延伸是由親緣延伸到地緣，每一個人在這大網絡之內有所歸屬，依靠網絡解決自己的問題，也憑藉網絡貢獻自己的力量。這種網絡的起點，則是最基本的親緣關係：親子之間的親密互依。人類的生物性，也是為了個體自己的生存，與經過繁殖延綿的後代的存續。親子之間，其親密性是自然的：生我、育我、顧我、腹我——父母為了子女可以犧牲一切，子女為了父母也可以無所不至。孟子認為「仁」的起點是惻隱之心，而他形容惻隱之心，卻是從孩子看見死去的父母屍首暴露，心有不忍而回去取了鋤頭埋葬父母開始。孟子的這番形容，確實是道盡了親子之間必然存在的一番顧念和依戀。親族只是親子關係的延伸，兄弟骨肉當然也是親子附屬的同胞關係。這些就是從最自然的生物性，開展為人間倫理的基礎。男婚女嫁既是生物性的需求，也是社會性的結合。夫婦情愛是人際關係根本之要項，由婚姻建構的親戚關係，則是配偶雙方家族之間交叉的聯繫，乃是親屬關係的延伸。因此，中國文化的差序格局，乃是從生物性中最基本、最自然的部分，由近及遠，從最親近的骨肉延伸到宗族、鄉里和類親緣的團體。

儒家理想以「仁」為本，「仁」的定義是「忠」和「恕」：「忠」是內心之「中」，「恕」是我心如他心，「仁」則是二人之間的相處之道。儒家的基本觀念，正是儒家倫理的基礎。戰國道家的文獻，有「惠」字出現，其意義是與「愛」相通的。佛家進入中國，頗為著重其普世、仁愛的一面。這三家的觀念合而為一，正是上述「推己及人」的基本理念。

由推己及人的原則，儒家才發展出「己欲立而立人」的觀念。所以，《論語憲問》說：「修己」，應是個人對於人倫的充分理解與實踐。「修己」之後行有餘力，下一步是「安人」、「安百姓」。「安人」之「人」，還是自己附近的其他人群——這就可以界定為鄉里之間的互相照顧；「安百姓」卻是「安」全人類，邊界極大——因此，孔子都說，古代「聖王」都很難做到「安百姓」。他不是說不能做，而是因為世界太大，「聖王」只不過是中國一地的王者，未必能夠照顧到全人類。然而，孔子仍舊以此懸為目標，盼望有一天每一個人的「安人」，可以互相交叉、重疊，發展為一個大的網絡，使得全人類都能在互相關心、互相幫忙的過程中，得到適當的照顧。前面曾經討論馮友蘭《新原人》和《新原道》，他提出，人類的倫理觀念應當是逐步提升。在本章中，我們討論的方向也是指出，中國的人倫關係，可以從生物性提升到社會性，又從社會性提升到超越的普世價值，其提升到形態，其實與馮氏所說可以互通。

這種構想，乃是個人主義與集體主義的重疊。個人的部分，是從「修己」領會到自然的人性，個人既不能孤立，也不應當孤立。集體的部分，則是由近及遠、推己及人，應該量力為之——從提升自己開始，先照顧到四周圍的親戚朋友，逐漸將整個大的差序格局的網絡，籠罩在更大的人群。差序格局之中，個人既有權利也有義務，人不能孤立，然而人也不是屈服於集體的安排。這一種個人到集體的延長線是開展的，不是斷裂的。在這差序格局之內，個人要自我約束，時時刻刻理解個人是集體中的一部分。然而個人也知道，個人不是由集體支配的，個人對集體的義務與他可以從集體所獲得的保障，互為因果、互相依附。中國文化中差序格局的特色，與今日西方文明中個人主義的極度高張相對比，可以救濟個人主義的孤獨，也可以防止因為個人主義過度發展，社會必然面臨的碎裂與瓦解。而且，這種共同體並不是出於利益的合約，而是基於人性的感情——利盡則交疏，人性之間天然的感情，卻不會因為利益之有無而就此斷絕。這是中國文化中超越性的價值，也可以擴充成為人類社會的普世價值，以補現代文明的不足。

當然，今天的中國已經不見如此形式的人際關係。不過，我們還是可以將此形態的社會，看作人類歷史上曾經有過一群人，一群為數眾多的人群，憑藉一家理想實踐過如此這般的人際關係，彼此兼容合作互濟過。

第十章

小說傳達的境界

誠如在「解題」之中已經提到，小說的內容有很多是從民間傳說演繹而成，或者從韻文的戲曲轉變成為白話。既然這兩個項目已經有所討論，其實小說不必另立一類。而且小說作者撰寫一本首尾俱全的故事，作品成於一手，更加反映作者本人的理念和觀點，也就未必代表民間一般庶民的觀點。然而，中國的小說大概可以分成兩類，一類是給文人、學士閱讀的，另一類所謂「演義小說」，則與民間說書、講故事傳統很難分割。小說可能是從說唱藝人口中的短篇故事取材，將其擴大或是連綴而成；一本暢銷的小說，其中的片段又可能被說唱講書人員，轉換成他們的表演題材——於是，演義小說與民間的說唱、演義故事之間有來有往，彼此間並不容易分割。再說，這一類小說的作者，他們的教育背景和社會地位，往往也是比較普羅的一個層次，他們正是居於常民與菁英階層之間。因此演義小說的影響其實可以跨越上述兩個階層，而又同樣可以滲透常民文化，成為常民文化之中一個重要的部分。

本章陳述的第一部書是足本《水滸傳》，不是金聖歎的七十回本。今天，水滸傳已家喻戶曉，其故事已經轉變成很多戲劇和演義的題材，書中的綽號也常常被用在日常生活的會話中，成為大家借用和互相稱呼的譬喻。水滸傳成書在元末明初，作者施耐庵是受過一定教育，卻沒有進入菁英階層的人物。水滸傳的故事發生在北宋，距離施氏時代已經有二百年之久。水滸傳的原型，可能在宋代已經出現。南宋的筆記和民間傳說，已經有宋江等三十六人橫行河朔，後來為張叔夜設計擒捕招安的故事。水滸傳裡面一些人名：例如關（必）勝、宋江、燕青、武松等人，都曾經在說唱話本中出現。看來在南宋時代，北宋曾經有過的宋江故事，已經發展成為一系列的故事了。施耐庵在水滸傳中，描寫了許多社會現象，有相當成分與宋代的情形相當類似，但也有若干並不相同之處。例如，宋代已經成為日常飲食的一些飯菜，在明初也延續不變；又例如，宋代並沒有蒸餾過的燒酒，宋人喝的酒類酒精成分不高，也因此水滸傳裡眾英雄人物如武松和魯智深等人，可以一喝十多、二十「碗」。水滸傳中形容的那些豪強的莊園，祝家莊、扈家莊等等，乃是北方已經淪陷的遼、金時代，中國人為求自保而組織的地方自衛團體。在兩宋之際，那些占領山林的豪強包括梁山本身，也是自稱為「太行忠義社」等等武裝團體。在明代興起以前，蒙古人統治的中國，這一類的山水寨其實還頗有存在者。從這些方面看來，水滸傳的內容，可能是涵蓋兩宋以至於遼、金、元時代的長江以北，一些常見的事物。

水滸故事的梗概是：山東鄆城小吏宋江，社會地位不高，廣泛交結江湖朋友，包括地方的保正（相當於今天的鄰里長，或者大陸上的村幹部），橫行街市的角頭等等。他在黑白兩道名聲遠播，也因犯罪被充軍江州。在江州，朋友們劫法場將他解救，然後集體上了山水圍繞的梁山泊。從此，各處英雄，一位又一位，各因不同緣故紛紛上了梁山。一百零八位好漢來自四方，背景各不相同，他們結為弟兄，誓言「不必同年同日生，只求同年同日死」。宋江心念所在，是希望有一天被招安，在疆場上立功成名。後來他們果然被招安，朝廷指派他們平定南北「四寇」。前三役梁山人馬沒有折損，第四役征方臘，卻每戰必有傷亡。結束後剩下二十餘人，凱旋回京，他們分散各地任職地方。最後，朝廷賜宋江毒酒，宋江自知不免，邀來親信李逵一起自殺；兩個至交——吳用和花榮，也在他們的墓前自縊。當年的一百零八人，只有魯智深和林冲皈依杭州佛寺，武松留在杭州就近照料他們。梁山最早的頭領李俊等人，寧願浪蕩江湖，組織船隊奪取暹羅，到海外稱王。其他少數僥倖未死的人，在金人入侵時分別死於衛國戰爭。

水滸傳更為詳細的故事情節在此不必細談，它所要表達的乃是社會底層人物生活的艱難。混混的日子不容易過，有許多人為了謀生，所作所為往往在正邪之間。上層社會的文化，所標榜的一些行為模式，在這種場合無法完全體現。既然是合法與不合法之間，所以國家要求的忠誠、禮節等等，都不能求之於這些底層的人物。忠、孝、節、義四個項目，前三項都是安定社會中的倫理，「義」字卻是人與人之間的互相信任和互相幫助。這些底層人物窮困潦倒，國家和主流的社會，已經沒有他們容身之地。有些人甚至沒有能力成家，或者有家而歸不去，孝和節或者親族的倫理，也就往往顧不到了。在家靠父母，出外靠朋友，不僅濟困謀生，甚而生死關頭寄身逃命，都只能靠朋友們的幫忙。為了幫朋友也可能惹得自己一身麻煩，朋友之間的感情因此深厚無比。這也就是梁山英雄們的生存狀況，他們在山上聚義，彼此之間的結交是以兄弟相稱。他們憧憬的境界，是有一天可以擺脫這些身分重新做人：接受政府招安，進而建功立業，最後得到好的結果。可是，絕大多數的底層人物，不可能有實現自己夢想的機會；招安，終究只是一場大夢。於是，梁山故事的最後結局，是夢想的破滅——死的死，走的走，剩下來的只有朋友相處的「義氣」，常為底層人物希望之所寄。

梁山好漢的故事所主張的義氣，一百零八兄弟聚義的故事，自從《水滸傳》完成以後，深入民間文化，被人們當作一個永久的楷模來仿效。洪門、青幫……這些地下社會的組織，在他們的誓言之中，梁山的義氣永遠是被引用的前例。不僅黑社會如此，歌頌人與人之間的義氣，甚至工匠的公會或商幫的結合，也是「義」字為先。這種對後世社會文化的影響，已經超過一般小說的範圍了。

梁山故事強調好漢們被「逼上梁山」的苦衷——官逼民反，許多可以作為良善百姓的人物，因為官家的不公、豪強的欺壓、財主的剝削，不得不起而反抗，投入一些已經存在的山寨，挑戰既有的社會秩序。劫富濟貧，是另外一個窮人的夢想：他們眼看著財富分配的不公，總覺得有錢人應該幫助窮困；如果富人不願意如此做，英雄們可以代表窮人奪取富人的財富，分配給窮困無告的底層人物。

這兩項口號或者是兩種訴求，大概在任何社會都一直存在，都有人在走投無路時，會想到如此的抗議方式和如此的解決方法。於是，在中國歷史上，每次因為政治不良或是社會不安，出現有勢的階層壓迫無勢的階層，有錢者剝削窮困者，終於會惹發大規模的民變。那些民變的領袖能夠號召窮困者組織大軍，往往就以梁山同樣的訴求為口號，組織無數群眾揭竿而起。早於《水滸傳》的年代，歷史上已經有許多前例；晚於《水滸傳》的明清，也不斷地出現類似的官逼民反事件，都是底層民眾希望以劫富濟貧的方式，來糾正社會的不公不平。水滸傳所標榜的義氣、官逼民反、劫富濟貧等理念，也許正是總結前人的經驗，又開啟了後人的嚮往。

回頭來看水滸傳的內容，真正官逼民反的例子其實不多。林沖受高衙內的迫害，以致家庭破散，自己被充軍發配——如果沒有魯智深一路同行保護，性命也不保。他是第一個上梁山的英雄，參加梁山的時候，他也沒有得到公平的待遇，不得不在幾個能力、本領都不如他的人物手下，委屈地坐了第五把交椅。因此，在一些人物的生活經驗中，不公待遇並不限於在外面的社會而已。林沖遭遇的種種困難，要在宋江上山以後才得到伸張。林沖故事在水滸傳中，實際上有更進一步的表彰「義」字的重要性。

至於劫富濟貧，在水滸傳整個故事中，我們並沒有看見梁山英雄劫奪的財富，分配給一般的窮民百姓。每次看見下山征討的情節，常常明白交代：山寨的糧食不夠了，必須劫奪州縣取得糧草。有時候，他們攻陷一個莊子（祝家莊、扈家莊），部分目的也是取得那些地方儲蓄的糧草。只有在梁山，無論頭領的地位高低，甚至於一般的嘍嘍們，都能分到公平的一份。「聚義廳」上的分金，是一個重要的節目；也只有在這種情境下，「義」字又一次呈現具體的意義。

倒過來講，上梁山的人物有許多是被設計甚至是被逼著上山的，這就不是官逼民反了。例如朱仝、楊志、秦明、呼延灼，一直到後來，想方設法招來了盧俊義和李應。這些人都是平白無故中了梁山的計謀，被逼得走投無路不得不上山。

梁山號稱一百零八人都是兄弟完全平等，可是再仔細看看：三十六天罡，一部分是本領高強不能不列入天罡；然而，宋江帶來的江州老弟兄，即使如解珍、解寶這種小混混，也列在天罡之列就不是公平原則了。梁山聚集了一百零八人，公孫龍和吳用招來了擅於石刻的金大堅，刻了一百零八人的姓名和排序地位，號稱這是天降的石碣，乃是天命所在。這個設計顯然是為了宋江安排他的位置，也藉「天意」確認老、新弟兄的排序。

水滸故事之中時時透露宋江的心機，明明要做老大，卻常常假裝禮賢下士，「納頭下拜」讓大位於人。每次有如此情況，他在江州招攬的李逵就會出頭叫嚷。晁蓋作領袖的時候，宋江不讓他帶隊下山立功，以免自己的光輝被奪。晁蓋最後一次——也是唯一一次率領梁山弟兄攻打曾頭市，受傷而死。在臨終前他的遺言是，誰能活捉射他的仇家史文恭，就讓此人繼承領袖大位。後來，盧俊義活捉了史文恭，如果按照晁蓋的遺囑，盧俊義就該擔任首領。而且，梁山羅致盧俊義，也因為盧俊義在江湖上有號召力，梁山希望有他作為領導。然而，正在討論誰該擔任領袖時，江州老弟兄尤其是李逵，人人主張由宋江擔任領袖。這些作為，都擺明了宋江是假仁假義。

凡此作為，都是水滸傳作者處處透露給讀者：起義的梁山好漢們，其實很多作為並不符合他們光明正大的口號——可是，改朝換代的好漢也罷，革命起義的領袖也罷，他們之間這種矛盾自古有之。

讀過水滸的人都知道，前面半本七十回，有所謂宋十回、武十回，表示有關這兩個人的情節各占了十回之多。此外，林沖、魯智深他們的事蹟，所占篇幅也不亞於十回。魯智深和武松的情節，又因為他們經常搭檔而難以分割。如此分配的分量，可見這四個人的重要性。其中，魯智深占的地位尤其突出。從他上五臺山受戒出家，智真長老就給了他一段偈子：「遇林而起，遇山而富。遇水而興，遇江而止。」此後，征四寇的時候，又給了他一段偈子：「逢夏而擒，遇臘而執。聽潮而圓，見信而寂。」這兩段偈子，預言了魯智深的一生遭遇。征四寇之役梁山損兵折將，魯智深在擒方臘前，曾經進入一個世外天地，其中一位老僧開示他擺脫塵世。於是，當大軍凱旋，魯智深卻決定留在杭州六和寺。八月十五日錢塘江漲潮，魯智深以為是大兵殺到，和尚們告訴他，這是潮信。魯智深忽然覺悟，這是他應該圓寂的時候了。於是他沐浴淨身，坐化圓寂。他也留下一段偈子：「平生不修善果，只愛殺人放火。忽地頓開金繩，這裡扯斷玉鎖。咦！錢塘江上潮信來，今日方知我是我。」這是水滸人物中，得到善果的人物。

前文提起過，梁山人物的下場是死的死、傷的傷。雖然剩下二十七將各自得到封賞，在地方為官；然而，帶頭的人物盧俊義、宋江，都中毒而死，宋江的親信李逵、吳用和花榮，也都為其殉死。武松伺候著斷臂的林沖、魯智深，魯智深坐化圓寂，林、武二人病逝：最後這些故事都發生在杭州。盧俊義的親信浪子燕青，在班師途中則不告而別。按照書中的情節，他在雙林鎮遇見隱居田野的老友許貫忠，得到啟示才消失人間。還有李俊、童威、童猛，則是駕船出海另闢一片天地。魯智深、燕青、李俊等人，都是在梁山世界之外，另外尋找自己安身立命之所。

五臺山智真長老也曾經應宋江的要求，給過他一個偈子：「宋江向前拈香禮拜畢，合掌近前參禪道：『某有一語，敢問吾師：浮世光陰有限，苦海無邊，人身至微，生死最大。』智真長老便答偈曰：『六根束縛多年，四大牽纏已久。堪嗟石火光中，翻了幾個筋斗。咦！閻浮世界諸眾生，泥沙堆裡頻哮吼。』」這個偈子的意義，更是明白地交代，一切人間作為，最後都無非是一場空虛。另外一位佛教高僧，為了魯智深的坐化作了如下的提示：「凡人皆有心，有心必有念。地獄天堂，皆生於念。是故三界惟心，萬法惟識。一念不生，則六道俱銷，輪回斯絕。」這些開示宋江沒有覺悟，終於遭災；魯智深等人覺悟了，遂得超脫凡塵各得其所。

以上種種，可以顯示水滸傳的作者施耐庵，身處元明之際天下大亂時局中的人生體驗，他自己也在亂世幾遭不測。他對事情的悟解，就是最後這個偈子。由這一串隱藏的線索，我希望讀者們理解：施耐庵的本意不是歌頌江湖義氣，也不是盼望梁山歸正；而是指出世間種種作為，猶如梁山的五年，其中有虛假、有苦惱、有失望，最後是一場空。

第二部要討論的小說，是羅貫中的《三國演義》。羅貫中和施耐庵是好友，羅貫中年紀比較輕，以師禮協助施耐庵。他們二人的作品有相當多的類似之處，就是因為他們彼此切磋，甚至於互相幫忙才完成各自的作品。羅貫中曾經參加過元末張自誠的政權，可是後來離開了張氏，專心於撰述。他的作品甚多，不過三國演義大概是最主要的一部，也是演義小說中首屈一指的傑作。

三國演義當然是敘述漢末天下分裂的時代，魏、蜀、吳三家爭奪正統的故事。三國的史事當然是以陳壽的《三國志》最為詳盡，在陳壽寫作《三國志》以前，還有習鑿齒的《漢晉春秋》和常璩的《華陽國志》，這兩部書裡都有很多三國的資料。尤其後者乃是巴蜀地區的地方歷史，對於蜀漢的史實有最為詳細的描述。這幾部書彼此之間也有些異同：陳壽是以魏晉為正統，習鑿齒是以蜀漢為正統，然後再接上晉代。這些異同的許多細節不必在此敘述，以免一般讀者覺得繁瑣。

羅貫中的三國演義，包含的史事有大格局：他基本上是根據陳壽所著的《三國志》講述，而又以蜀漢作為正統，嚴厲地斥責曹魏——至於吳國則是置身於東南角，被當作中國的旁支來看待。由於這個特殊立場，三國演義所褒揚的對象，是放在劉備三弟兄和諸葛亮身上，將其當作正面人物，而將曹操描述成為奸詐的篡位者。由於如此立場，也由於要鋪張一些熱鬧的情節，羅貫中筆下《三國演義》的故事，與陳壽《三國志》所敘述的真實歷史相比較，就頗有差別。例如，赤壁之戰是三國演義故事中的一樁大事，真正的史實是吳國乃抵抗曹操南進的主要力量，劉備的武力至多是輔助而已；有名的草船借箭是周瑜的計策，跟諸葛亮沒有關係；赫赫有名的過五關、斬六將，關公所走的路線其實完全沒有必要——從當時曹操總部所在的許昌，到劉備依靠的袁紹總部鄴城，大概只有二百華里左右，關公不可能走那麼一大圈，過那麼多關口……此處我們討論《三國演義》，不是為了考證歷史真偽、對錯，而是將其當作一部敘事小說來看待，也就不必太斤斤較量那些錯誤了。

三國演義的主軸，乃是陳述漢末皇權衰敗，因內戚宦官鬥爭惹來了董卓的軍隊奪去政權，漢代從此滅亡——漢獻帝最後也是被曹操挾制，曹操以丞相的名義篡奪了政權。當時天下分裂，經過許多年的內戰，終於底定為占有中原的曹魏、據有江東的東吳和劉備建立的蜀漢三分天下的格局。到最後才被曹魏的繼承者司馬晉，短暫地統一了中國。前面一段諸侯紛爭的內戰期，主要的情節是在曹魏興起挾天子以號令諸侯這個階段。經過赤壁之戰，三國演義進入了中間一大段三足鼎立的鬥爭。在這一階段，顯然主軸是放在蜀漢和吳國的關係，北方的曹魏則被放在比較次要的位置。到第三段，吳、蜀關係破裂，劉備死亡後諸葛亮獨撐大局，這個主軸就在諸葛亮如何堅持蜀漢的事業。

我以為，整部書的大格局是分辨忠、奸，以確定魏晉的創業者曹氏和司馬氏的罪名。貫穿全書的線索，則是人與人之間的義氣：桃園三結義，劉備、關羽和張飛因為義氣相投，結為異姓弟兄、且終身不渝。桃園結義的典故，在中國民間倫理觀念中成為典範。他們三人起自草莽，互相合作結為一股力量，在艱困之中他們曾經離散，但是三人不踰初衷，關羽和張飛獨自安身，始終不忘尋找劉備的所在。關羽不得已時歸順曹操，但是堅持降漢、不降曹的原則。面對曹操種種禮遇，關羽並不動心，一旦知道了劉備所在立即封金掛印，護送劉備的兩位夫人，過五關、斬六將回到劉備身邊。最後的考驗是關羽失守荊州，死於疆場之後的這段情節：劉、張二人知道這個噩耗，張飛為關羽報仇心切，嫌部下行動不夠快速而責罰過當，結果自己被部下刺死。劉備已經占有四川，他的大戰略應當是蜀吳聯合，共同抵抗曹操；可是因為關羽死在吳人之手，他氣憤不堪，傾全國之師討伐吳國；也是因為悲憤填膺之下顧慮不周，大敗於吳人，他自己氣憤之餘一病死亡。他們三人為了義氣彼此關愛，在這個關口上，性命、王位、事業，都不在顧慮之列——為了義氣，他們可以犧牲一切。

另一段的義氣，則是諸葛亮和劉備的關係。諸葛亮一時俊傑，苟全性命於亂世，不求聞達於諸侯。但是，經過劉備三顧茅廬請他幫助，他為了知遇之感，從此死心塌地輔助劉備。劉備的大戰略，是諸葛亮制定的：據蜀、聯吳、抗曹，待機而動。這個大戰略因劉、關、張三人死亡，事實上已經不能實現。他承受劉備託孤之命，盡心竭力維持蜀國的基地。諸葛亮執政時期，安定巴蜀、南征益州、北抗曹魏；最後六出祁山，長期留在關隴前線，食少事繁，在五十四歲撒手而去。他不惜肝腦塗地將一生送給劉備，也就是為了一個「義」字。

在吳國君臣關係，同樣也有一個「義」字：孫堅創業未半就早逝，孫策、孫權繼承父志，結交江東豪傑據有東南，東吳老臣對於他們弟兄二人忠心不二，也是為了對孫堅的承諾。孫策和周瑜少年結交，都是一時俊傑，二人推心置腹。周瑜為了這份交情嘔心瀝血，還在壯年就因過度勞累撒手而去。魯肅也是孫氏弟兄的好友，在初次認識周瑜時，他將家產一半的儲糧交給周瑜，幫助他開創事業。周瑜死後，魯肅儼然是吳國主要的安定力量，他輔助孫權也是鞠躬盡瘁。這四個人的交情，也是一個「義」字。赤壁之戰以火攻為手段，老將黃蓋願意身受苦刑造成假象，使曹操相信他是因怨而投降。然而，黃蓋自己卻是駕駛火燃的船隻衝向敵陣，一把大火燒盡了曹操南征的水師。黃蓋自願冒死犯難，也是為了報答孫氏三世的知遇之恩。

《三國演義》故事裡，還有一對彼此相知相信的契合者，就是諸葛亮和魯肅；他們共同持守吳蜀結盟，抗禦曹魏的大戰略，彼此了解互相信任，保持了兩國之間二十年的和平。這就是另一類情誼，卻也當得一個「義」字。

相對而言，在曹魏方面卻處處都是奸詐、利用和欺騙。曹操篡奪漢廷的權力，他的兒子曹丕完成奪漢的事業。一報接一報，曹氏父子重用的司馬懿，也是經過父子三人的經營，由專權而致篡奪。曹魏手下的將領們，罕見彰顯「義」字的事蹟。曹氏陣營裡只有徐庶本來是追隨劉備，卻因為曹操「劫持」了他的母親，使他不得不追隨曹操；但是，徐庶離開朋友諸葛亮時，發誓一輩子不為曹操進一言、籌一策。這是一個曹營難得看見的一個義氣之士，然而，他的義氣是倒過來的。

這些現象說明，羅貫中在寫作時特意安排，將曹營和劉家做強烈的對比。三國演義對中國一般人民的影響是：他抬舉了劉備陣營的諸葛亮和關羽——前者是智謀的象徵，後者是義勇的代表，曹營則是奸詐、欺騙和篡奪的代表。曹、劉兩家的地位，至少在唐代以前，並不是如此的對比。例如，曹操始終被稱為魏武，是公認的戰略家，也是被人稱頌為結束漢末混亂的人物——在唐代，「魏武子孫」還是褒詞。蜀漢在唐代以前的印象，乃是三國之中最弱之國，在列舉這個時代的輝煌事蹟之中，孫吳的英雄人物如孫權、周瑜，都排名在前。

羅貫中創造了一個智謀絕世的諸葛亮，其實頗有張冠李戴的意味，將別人的事蹟放在諸葛亮身上。赤壁之戰火攻的策略是周瑜策畫的，也是周瑜指揮的，這筆帳被放在諸葛亮身上。甚至於草船借箭之事，也是在別處借來的，並不在當時的記載之內。借東風是很有戲劇性的一段事情，羅貫中描述諸葛亮運用法術借來了東南風，使得吳軍的火船可以直沖北岸的曹營。後人解釋，認為十月小陽春風頭亂轉，本來就可以有東南風。在我看來，既是風頭亂轉，誰能算得准？黃蓋火船正好碰上那陣風？

抗戰時期，我家就在荊州地區，對那帶的地理情形比較熟悉。抗戰勝利復員，因為長江航道八年沒有疏浚，也沒有標誌，我家搭乘的船隻恰在赤壁之下擱淺。那一段的長江主流，過了荊州將近漢水入口處，卻被虎牙、荊門丘陵攔住，折向南流。從洞庭湖口（城陵磯）轉向，匯合洞庭湖沖出來的洪流，由南向北直沖到漢水口上，就是今天的武漢，方才轉向東流。從荊州到漢口長江河道是一個「V」形，先是南流轉向北流，然後才是東流。在赤壁之下，西岸是虎牙和荊門，東岸是黃蓋湖（黃蓋水師駐泊之處）。我們的船長指點江山：「東吳從東南岸發動的火船，正好趁著北流的大溜，直衝紮營在北岸的曹軍，哪需要東南風？」

至於諸葛亮的八陣圖，在歷史上和文學上都很有名，杜甫的詩句「名存八陣圖」，就是形容諸葛亮的功業。前面我也說過，八陣是一個安營紮寨的安排，按照四方、四隅八個方位來布置：前軍、後軍、左軍、右軍加上四支輔助部隊，在紮營時如此安排，拔營交戰時也是先以這基本的陣容，整體投入戰場。其中並無奧妙，卻是一個穩紮穩打的基本戰術。

諸葛亮的功勞是在他的〈隆中對〉，替劉備策畫了群雄之中，唯一可以建立基業的方針。他在東吳遊說，和魯肅討論的孫、劉聯合對抗曹魏的大戰略，也為三國鼎立的局面，底定了一個根本的形勢。他治理四川，以法家的精神貫徹儒家的仁民愛物，甘棠遺愛，四川人至今懷念。他南征益州，能夠以戰決勝卻以和撫民，才使得「南人不復反矣」。他對劉備也並不具有絕對的影響力，劉備犯了最大的錯誤，就是相信關、張勝於相信諸葛亮。諸葛亮〈隆中對〉的大方針無法實現，就是因為劉備沒有真正遵從他的安排。劉備死後，諸葛亮支撐大局，終於五十四歲就在軍中逝世。總結來說，諸葛亮是一了不起的人才，而且有了不起的品格，卻不是一個羅貫中描述的有道術和未卜先知的道士。可是今天，「諸葛亮」三個字，幾乎等於半個神仙了，這是羅貫中留下的重大影響。

相對於諸葛亮而言，羅貫中委屈了周瑜。在三國演義之中，周瑜似乎是一個年輕人；其實真實的歷史中，赤壁之戰那年周瑜三十四歲，諸葛亮才二十七歲——羅貫中的筆下，二者倒過來了，周瑜成為一個心高氣傲的年輕人，而諸葛亮是老成的君子。周瑜在東吳的地位很高，他是孫策的好朋友，孫策死時弟弟孫權只有十九歲，全靠周瑜作為主要的輔助。「周郎」這個稱謂，是形容他很早就有大名，而且才華絕代。蘇東坡的詞句中用「羽扇綸巾」形容周瑜的瀟灑，這四個字後來卻被羅貫中移置在諸葛亮身上。魯肅也是江東豪傑之士，在羅貫中的筆下，他卻是一位易於上當的老好人。羅貫中對後世的影響，可想而知。

關羽成為武聖，也是在歷史中逐步發展而來的。論及關羽自己的能力，他是一個勇力善戰的戰將，很難說是一個掌握大局的帥才。他受命鎮守荊州，是諸葛亮〈隆中對〉大戰略中右手的主力；左手主力則在漢中到關中的北線，乃是張飛的任務；中央一線的職責應當是呼應左右，劉備派遣義子劉封鎮守上庸，也就是今天的丹江口，在漢水流域的上游。關羽出兵攻取襄陽、樊城，雖然一時得利，卻沒有聯繫左線和中線呼應──右線獨自出戰，乃是戰略上極大錯誤。他為人自信，既看不起東吳，也看不起劉封。關於抱持著個人英雄主義，一心獨立建功；所以說他的失敗，很難委過於他人。只是，關羽之死確實是中了東吳的計謀，在當時也有人替他喊冤。在他死後，東吳曾經有過極大的瘟疫──一般人認為，是關羽在復仇。羅貫中在《三國演義》中描述：關羽死後，他的首級被孫吳送給曹操。關羽顯靈，天天晚上大叫「還我頭來」；一位玉泉山的老僧回問：將軍要索回自己的頭，五關六將的頭向誰索討？這種厲鬼的形象，大概在當時已經頗為流傳。

關公地位逐漸被神化，當始於宋代追封其為「公」──從漢壽亭侯升了一級。到了元代他又被追封為「王」，明代皇室崇信道教，他已經被追封成「帝」的一級，成為「關帝」，列入天庭諸神中的最高層次。滿清沒有入關以前即已崇拜關羽，稱其為「關瑪法」，尊為父稱。努爾哈赤用《三國演義》作為軍事教科書訓練將領，關公的地位因此越拔越高。每一位清朝的皇帝，都會在關帝的名稱上面加幾個尊崇的詞句，到了光緒年間，他的尊號長達二十六字：「忠義神武靈佑仁勇威顯護國保民精誠綏靖翊贊宣德關聖大帝」。今天，中國民間信仰裡的關公，既是道教的尊神，也是佛教的大護法（因為玉泉山的和尚，已經將關公收為大伽藍）。關公不僅號稱「武聖」，地位和孔子相當，也是商家尊崇的財神。大概借關公之光，張飛在道教的神庭之中，也是一位巡遊各處懲罰貪官污吏的使者。凡此轉變，關公在中國庶民心目之中，其地位確實崇高無比，而且和人民的生活，有密切的相關。

既然談到關公成神的事蹟，另外一部小說《封神演義》，其中列舉的三百六十五位尊神，在民俗信仰中儼然已經是「神界」官僚系統的名單。封神演義出現於明代嘉靖年間，但是在宋代已有一些雛形，例如說書人所傳唱的「武王伐紂」的話本；明代人在這些話本的基礎上編著小說。至於《封神演義》的作者是誰，有很多的說法，至今是以許仲琳、陸西星最為可能。這兩位可能的作者都是道教人士，甚至於就是道士。不論作者是誰，《封神演義》的內容的確反映了濃厚的道教信仰。在道教非常興盛的明代，有此作品出現也不意外。

封神演義的內容，充滿了各種各樣瑰異的神怪故事。其故事大意是：剛即位的商紂王才力非凡，這位年輕的君主，有可能是位有為的君王。殷商的諸侯也都是才智之士，國家可能延續已有的基礎發展為盛世。但是，商紂王貪於自己的欲念，招致外面的誘惑：九天妖狐篡奪了皇后的靈魂，順著商紂王的欲念，將他的人格扭曲為昏君。可能出現的盛世，竟轉變為昏君暴政的亂世。他的朝臣和外藩，有的死於諫爭，有的起而反抗，導致國家發生內亂。直到西伯周文王領導反抗運動，終於將紂王推翻，建立了新的朝代。在內戰過程中，有兩個教派——闡教、截教——介入內戰，分別擁護周、商，竟成為對敵的團體。二者本是同源，都是習道之士。闡教屬正派，其中的人物幾乎全是修道人，修得了一定的道行足以斬殺邪魔；截教的人士，卻是以妖精、怪物作為主體，挑戰闡教的抗紂戰爭以原始天尊為首的闡教、以通天教主為主的截教，這兩個教派有共同的教源，都是鴻鈞老祖門下。而且兩派之外還有一個也是鴻鈞的弟子，稱為太上老君。在封神演義之中，提到這些三個教派的糾纏，似乎他們既是朋友又是敵人。

在這些教派以外，還有「西方之教」和「人教」兩家，在書中只是偶爾提到，似乎分別代表佛教和儒家。周人領兵的大將姜子牙乃是闡教的弟子，他的戰友都是闡教的修道之士。慘烈的戰爭結束之後，周取代商建立新的王朝。姜子牙奉三教領袖之命，安置戰爭中雙方死亡的道友，分派他們在神界的職務：三百六十五個陣亡人員，不論敵我都得到神職——這就是所謂「封神榜」。這一不分敵我一概封神的做法，其一視同仁的氣度——插一句我的意見，倒有點類似美國內戰後，林肯在葛底斯堡（Gettysburg）的講演，為雙方犧牲的戰士們同申哀悼。神魔大戰的故事在西方也有，最早的一次神魔大戰，是兩河流域古代城邦時代「埃努瑪．埃利什（Enuma Elis）」的故事；在基督教已經普及的中古歐洲，但丁的《神曲》也敘述了神魔大戰。在這兩個傳說中，失敗的魔方都被打入地獄，永遠不得翻身。以西方天主教傳統為代表的觀念，和以封神榜代表的中國觀念，二者的區別判然可見。

封神演義在十六世紀中葉出現，也反映了當時明代的政治局面。嘉靖皇帝非常相信道術，他在位四十五年，只有前面十餘年和朝中眾臣合作治理國家，有過一段比較安定的歲月。餘下三十多年，他耽迷道術，相信祈禳求福，也相信服用丹藥可以延年益壽。在道教徒的要求下，他又更相信採陰補陽以及房中術。當時中國的道教大概分成三個大支派，一派是正一教，就是江西龍虎山張天師的教派，這一派相信符籙、丹藥。張天師是官方指派的道教領袖，因此這一派在宮廷裡面非常活躍。嘉靖帝曾經十分相信兩個道士邵元節和陶仲文，前後分別任命他們擔任政府的高官。他還花費大量的國家經費，為道教建築各種宮觀、壇廟。同時，為了經常以「青詞」上奏天庭，嘉靖充分信用嚴嵩，父子專權朝廷數十年。因為使用採陰補陽，他搜集大批青春女孩，以供蹂躪侮辱。為此，宮女十餘人共同謀殺皇帝——這一宮女集體弒君案，明史稱為「壬寅宮變」，史所罕見！

君王如此荒唐，與正一教的助紂為虐息息相關，另外兩個道教宗派（北方的全真派，和湖北的武當派）都對正一教不滿。這兩個教派注重濟眾積功和養身全生，都是主張內外修行的功夫，確與正一教派的理論不同。無論封神演義的作者是誰，大概都是以闡教的名義，譴責助紂為虐的截教。故事中，商紂護短拒諫，被害的大臣有比干、黃飛虎等；嘉靖時，遭殃的直臣有楊繼盛、海瑞、沈煉諸人。商紂昏庸，引發內憂外患；嘉靖時代，中國也是南有倭寇騷擾，北有蒙古餘部犯邊——《封神演義》有可能是借古諷今。

封神演義的故事情節，乃是由治亂未定陡然進入混亂，經過鬥爭又恢復正常的秩序，一個既是預定的、也是發展的歷程：封神演義陳述的修道的境界，最高等級的是仙，神次之，人又次之；精怪也可修到一定程度，卻終究是主流之外。故事中的闡教自居正派，截教則頗多妖魔精怪，他們擁有的法寶，也比較邪門。故事主角姜子牙受命扶周滅商，他的同門師兄弟申公豹嫉妒心重，四處煽動截教中的精怪出山與姜子牙作對。這一現象，在中外社會常可發生於主流人士與流外人士之間的衝突。流外之人身處邊緣，努力上進卻難以進入主流。他們表現的行為，往往是以狂言怪談譁眾取寵，更進一步甚至倒行逆施，但求一逞痛快。最近美國大選，就出現這一現象。封神演義的情節，未嘗不是描述人類社會的常態。

這些封神榜的人物，有許多在今天民俗信仰中占有重要的地位。例如臺灣民間信仰的「三太子」，就是封神榜裡的哪吒。他本是仙真投胎成為李靖的第三子，由於性情剛烈，和東海龍王父子發生衝突，將小龍王抽筋剖骨而犯了大罪。李靖懲罰他，哪吒憤而自殺，剔骨還父、割肉還母，從此斷絕親恩。他的靈魂飄蕩無主，幸得太乙真人憐憫，摘取蓮葉作為他的身體，蓮藕作為他的骨骼——因此他不再有形骸，也因此免於毀滅。這個故事本身，在中國的一般倫理觀念中，非常特殊：為了原則他可以犧牲性命，否定父母。而因為有如此不敗之身，他成為所有妖魔的剋星。

第二位闡教大將楊戩，本身是玉皇大帝的妹妹，與凡間情郎生下的孩子，有一個不很清白的身分；另一方面，他擁有神的血脈，又高於凡人。他有特殊的視力，在民俗傳說裡他的額頭中間有第三眼，可以看透妖魔的原形。（順便一提：殷商領軍抗周的忠臣太師聞仲，額上也有第三隻眼，可以明辨正邪。）楊戩的這種形象，也很不尋常。哪吒、楊戩這兩位大將，其形象與行為頗似脫離常軌，也正說明中國民間的理想人格，並不完全符合儒家的倫理。

《封神演義》在中國民俗文化中，更重要的價值則是在這本小說出現以後，中國民間信仰普遍根據封神榜的眾神，安置了超越人間的一個神庭。到今天，大家提到東嶽大帝大概一定認為是黃天虎——那位叛出朝廷的商代大將；一談到科舉的功名，就會想到比干擔任的文曲星；財神爺必定是趙公明，他手下的四個副將，分別掌管招財進寶職務。相對於其他主要文明系統所建構的神庭，中國的神庭卻是由於《封神演義》這部小說的出現，取代了以前種種類似的神庭的安排。這部小說在民俗信仰中的地位，可想而知。

神魔大戰的主題，在中東開始，在本書宗教一章，我曾經提起波斯祆教二元世界的歷史背景，是在中東地區。光明／黑暗、生命／死亡，種種的對立，經過混沌進入鬥爭，然後達到永恆的和諧。這三世的安排，開啟了中東的中亞普遍存在的啟示性信仰；經過佛教的轉介，啟示信仰和救贖的觀念進入中國。在中國，這三個階段的變化被稱為劫數。混亂的存在必須解脫，要經由毀滅才能回歸秩序。《封神演義》似乎正是表達如此的神學觀念：故事中那些教主，鴻蒙、原始、太上等等，都代表著開始的時期。西方的諸佛，如準提菩薩，據柳存仁的研究，乃是觀音的前身、救贖的象徵；燃燈古佛，則無疑是來源於祆教的光明之神。經過這些神佛的安排，從一個混沌的開始，又經過欲望和誘惑，才有鬥爭，然後方能產生秩序。

封神演義第十五回，正是宣示應該建立的秩序：「話說崑崙山玉虛宮掌闡教道法元始天尊因門下十二弟子犯了紅塵之厄，殺罰臨身，故此閉宮止講；又因昊天上帝命仙首十二稱臣；故此三教並談，乃闡教、截教、人道三等，共編成三百六十五位成神，又分八部：上四部雷、火、瘟、鬥，下四部群星列宿、三山五嶽、布雨興雲、善惡之神。此時成湯合滅，周室當興；又逢神仙犯戒，元始封神，姜子牙享將相之福，恰逢其數，非是偶然。所以『五百年有王者起，其間必有名世者』，正此之故。」就是說明，這是全書的主旨。

第九十九回「姜子牙封神」呼應前言，交代了結局：「太上無極混元教主元始天尊敕曰：嗚呼！仙凡路回，非厚培根行豈能通；神鬼途分，豈諂媚奸邪所覬竊。縱服氣煉形於島嶼，未曾斬卻三屍，終歸五百年後之劫；總抱真守一於玄關，若未超脫陽神，難赴三千瑤池之約。故爾等雖聞至道，未證菩提。有心自修持，貪癡未脫；有身已入聖，嗔怒難除。須至往愆累積，劫運相尋。或託凡軀而盡忠報國；或因嗔怒而自惹災尤。生死輪回，循環無已；業冤相逐，轉報無休。吾甚憫焉！憐爾等身從鋒刃，日沉淪於苦海，心雖忠藎，每飄泊而無依。特命姜尚依劫運之輕重，循資品之高下，封爾等為八部正神，分掌各司，按布周天，糾察人間善惡，檢舉三界功行。禍福自爾等施行，生死從今超脫，有功之日，循序而遷。爾等其恪守弘規，毋肆私妄，自惹愆尤，以貽伊戚，永膺寶籙，常握絲綸。故茲爾敕，爾其欽哉！」

第九十九回這一段話，是全書的總結，其中的觀念合併了佛教與道教的詞彙與理念。一位修道者，可以從人身開始，甚至於也可以從獸身開始，逐步提升自己的境界。這個艱難的過程，中途會遭遇許多的誘惑，其主要者則是貪、癡、嗔、怒。佛教思想中所認為的苦厄，除了生、老、病、死之外，就是怨憎會、愛別離、求不得和五陰熾盛，這正是上面四個字——貪、癡、嗔、怒——的原始出處。這些人被封為神的使者，必須要經過兵災的解脫，才能夠歷劫而得到提升。最後建立了一個宇宙秩序，總管天人，有八部正神分司管理——這才是混沌轉入和諧的世界。因此，《封神演義》反映的思想，乃是佛、道的綜合，也將儒家文官體系的觀念，發展為神庭的系統。這部演義小說在我看來，毋寧是表現三教混合的神學思想。一般讀者，只是拿

《封神演義》當作神怪小說來看待，有些文學史家，以為封神演義只是影射明代嘉靖時期的混亂時局。我則以為，上述神怪和影射兩個層次的解釋以上，作者也有建構一套三教新神學系統的企圖。

下一部小說，則是眾人熟悉的「西遊記」。其根源當然是借用三藏法師玄奘西去求經的事蹟，然而，真正的玄奘西遊記載裡卻沒有小說裡的神怪故事：玄奘弟子辯機寫的是《大唐西域記》，另一本則是慧立、彥悰寫的《大慈恩寺三藏法師傳》，這兩本書裡都沒有神怪故事。可是，後世逐漸出現與玄奘法師有關的民俗傳說，才有一些片段的神話，其數量其實不多，也並不能連綴成長篇。在宋代，民間的說唱活動盛行，若干情節才逐漸被擴大。這些零碎的故事，終於在明代被納入小說《西遊記》之中。

這部書的著作時間也在明代，究竟作者是誰，有過相當多的紛爭，不過現在大概落實為吳承恩（一五〇〇—一五八二），它產生的年代稍晚於前面講的《封神演義》。《封神演義》裡面的神佛名字和形象，頗多出現於《西遊記》，顯然後者接受前者的影響。吳承恩與《封神演義》的作者之間有無交流，則不得而知。然而，這兩部書的共同之處，他們都毋寧是宗教性的寓言，都有相當程度的宗教觀點。只是，《封神演義》的宗教觀念以道教為主；西遊記的觀點，自從陳元之為世德堂本《西遊記》所作〈西遊記序〉以下，就有不同的主張：有人解釋為道教作品，有人認為體現的是佛教教義，也有人以為是三教合流的寓言。故人余國藩翻譯西遊記為英文，書名是*Journey to the West*。他是一位神學教授，基本的訓練是基督教的神學，從那個角度他討論佛道，又參雜了一些基督神學的觀念。我們二人是老朋友，宗教觀念彼此卻並完全一致。可是，我們都認為，西遊記包含的訊息相當複雜，應是多源的宗教思想。

西遊記的故事，是以孫悟空為主角，一般讀者都非常熟悉這位潑猴，以及他大鬧天宮的故事。故事細節不必交代，因為大家都太熟悉了。我想開宗明義，就交代孫悟空的來源。這一隻石猴，其來歷本身就是宇宙成形時剩下的一塊頑石：這就意味著，孫悟空本身是與宇宙同質的。他可以是宇宙的一部分，但他也是從宇宙中切出來的一部分。（請注意，《紅樓夢》中的寶玉，其來歷也是這塊頑石！）石猴成了精，他學藝的地方，乃是靈臺方寸山斜月三星洞的老祖師須菩提（佛教釋迦牟尼的大弟子）。靈臺方寸是「心」，三星斜月就是「心」的字型。這一出身的解釋，很顯著的標示主題：靈猴就是「心」，也就是你我眾人之「心」。（美國著名的電影《星球大戰》，其中教導兩個主角的祖師，也是一個外貌不起眼的尤達大師〔Yodo〕，也住在洞穴之中。）

孫悟空從祖師學道，須菩提祖師給他若干選擇：如果他有興趣學「術派」、「流派」功夫，那就是儒家、墨家等種種人間的學問，孫悟空說不願意；又讓他選擇「動派」和「靜派」，兩者都是道教的功夫，他也不願意；最後，祖師提出佛教，他才覺得這是應該學習的功夫。令人不解之處在於，須菩提祖師交代的詩句，卻又是陳述道教的道理。在悟空告別時，祖師警告：必須戒備每五百年一次的劫數，天風、陰風和贔風，都可能令修道之士形銷身滅。三風有各自獨有的性質：天風起於身外；陰風出自體內，由下而上，當是欲念引起；最暴烈的贔風則發自體內，由上而下，源頭乃在心神，如果不能自已約束，所導致的災害不可收拾。三劫的觀念佛、道都有，只是陰風與贔風均是循體內穴道毀傷身體，這還是道教的理論了。

後來，孫悟空遇見觀音時，觀音特別提醒他，學習功夫應當注意「六賊」：「一個喚做眼看喜，一個喚做耳聽怒，一個喚做鼻嗅愛，一個喚作舌嘗思，一個喚作意見欲，一個喚作身本憂。」這六個項目，正是「心經」的六「色」感官所及。禪宗佛教特別標明應當防止的項目是：怨瞋會、愛別離、求不得，由此引起喜、怒、哀、樂。人要克服這些心情上的誘惑和障礙，才能得到解脫和自由。西遊記第十九回裡悟空收伏八戒，亦即西行剛才上路，觀音叮囑他常念《心經》，而且列舉心經全文。這更是表明西行大要，即是體會「色即是空」「心無罣礙」的要義。這一《心經》在後文不斷出現，全書思想以佛教為主，顯然可見。

整部西遊記，唐僧師徒西行路上所遭遇的，也就不外乎傲慢、食欲、色欲、怒氣、怨恨等等。許多的妖魔，也就只是這些情緒困擾的化身。例如，他碰到很大的劫難就是火焰山，此處的「火」，其實就是「怒氣」和「暴烈之火」。唐僧屢次遭遇色誘，磐石洞的蜘蛛、陷空山的老鼠都是以女色引誘。孫悟空和豬八戒，經常是既合作又衝突——豬八戒代表的是「食」和「色」兩項欲望，而孫悟空在被觀音制伏後，他額上的緊箍咒，時時刻刻提醒他不要讓「心」放縱。金公和木母之間的衝突，五行的相剋是金剋木，也就是以金（心）剋木（欲）。凡此「密碼」，都是陳述禪宗信仰中，將「心」放開的基本原則。我以為，西遊記所傳達的宗教信仰大概是佛教為主，道教居於次要地位。

孫悟空學到種種高強武藝，也有七十二變化的能耐。他辭別祖師下山，不知該到何處去，卻找到了花果山，成為眾猴之王。他和他的眾猴都是似人而非人，卻要向人求得平等。在他尋求武器時，大鬧東海龍王的龍宮，取得了定海神針——那是大禹治水留下來的一件遺物。這個武器，和他自己是與天地同壽的頑石同樣，都具有宇宙一體的意義。這時候，他才標出「齊天大聖」的旗號，直接向天庭上的玉帝挑戰。他大鬧天宮所向無敵，這一段鬧天宮的故事，處處指明了天庭治理系統的顢頇胡塗，以及天神、天將的無能。最後能打敗他的，卻是二郎神（封神榜的楊戩），和他的哮天犬。

這一反諷的意義非常明顯：如此莊嚴的天庭，實際上不配和石猴對抗。明代的政治，在歷代主要王朝之中，的確不好，尤其皇帝和皇帝周圍的近臣，人品、能耐，頗多不堪。大鬧天宮的故事，就是將看上去莊嚴的朝廷威嚴，揭露其真相。幫助天庭制伏靈猴的眾神，包括老君和佛祖，也都是仗著勢力在欺騙他。這一番諷刺，也毋寧是直接指責替皇權幫凶的官僚，和佛、道法術之士。大鬧天宮的批判性，不容忽視。

在西遊求經以前，靈猴被壓在大山之下，觀音給他的任務是等待求經的唐三藏，而且授與三藏控制靈猴的訣竅：「定心真言」，又名做「緊箍兒咒」。這些情節，毋寧是指著怎麼控制自己的「心」，不能任性、任意、自我放任。一位以慈悲為懷的觀音，卻讓靈猴上這樣的圈套，其中也有反諷的意義。當然，我們也可以解釋為：因為慈悲為懷，所以才讓他約束自己心態，不任其放肆。須菩提祖師給予悟空的法號，明明就是心經「色即是空」——悟覺一切都是空虛：這就點明了，在佛、道兩家皆有求「悟」與求「空」。

西行路上種種的災難，從表面上看來，只是玄奘西去求經的途上，曾經在沙漠之中幻覺裡的種種邪魔妖怪。然而，真實的意義則是在「心」的求解放的歷程上，必須面臨種種的誘惑。唐僧同行的人物，悟空是「心」，白龍馬是「意」，心猿意馬就是指著「心」要去的方向，和「意」自己走的方向，必須互相配合。唐僧是智慧的象徵，或者是虔誠求道的象徵；他不能放任「意」之所向，必須要有「心」來駕馭。豬八戒法號「悟能」，本身是一個因為被「欲」誘惑，從天庭墮落為豬身的天蓬元帥。他的能耐也不小，至少有三十六個變化，而且身強力壯。在西行道上，他的功夫卻不在正面，反而惹事生非，帶來許多的麻煩。如前所述，那些麻煩不是色欲就是食欲，再不然就是逞強好勝的欲望。豬八戒經常說小話，在背後迷惑唐僧、糟蹋孫悟空：這是一個典型的小人。可是，他有他特別的「能」，「能」也必須由「心」駕馭，才能配合「智慧」想要走的方向，完成求道的任務。沙和尚法號「悟淨」，他也是天庭的捲簾大將，犯了小錯被貶入流沙河，等待唐僧西去途上收其為夥伴。這一行五眾之中，沙悟淨最沒有特色，然而挑擔追隨，一切供給都在他肩上。「淨」代表清淨，是水的象徵。也只有「淨」，「心」才能夠無所牽絆，「智」才可以前進無礙。

這一路行程，經過了許多災難，到了將近完成的後半段，唐僧五眾遭遇了最嚴重的幾次災難：牛魔王夫婦火焰山、獅頭嶺上三魔的擋路，然後是牛魔王的兒子紅孩兒阻攔。這幾次對他們的考驗非常嚴重，每一次都要勞動佛教中的如來、觀音等重要人物出面干預。火焰山的大火，只有牛魔王的妻子羅剎女持有的芭蕉扇才能撲滅。風和火之間的關係，如果按照印度的觀念，風既可以滅火也可以扇火，是可以抵消也可以互濟的關係。孫悟空號為金猴，在中國五行的觀念裡，火可以勝金，這火焰山的試驗，對於心猿幾乎是過不去的難關。直到觀音手下的龍女帶來了水，才將火滅掉。

獅駝嶺下的三魔，一個是文殊菩薩的坐騎青獅，一個是普賢菩薩的坐騎六牙白象，最厲害的三魔則是如來佛背後的大鵬金翅鳥。文殊、普賢是如來佛的左右脅侍菩薩：文殊代表智慧，他手中的利劍和青獅的獅吼都如當頭棒喝，可以斬斷世間情欲；普賢代表戒律，白象的六牙象徵了六種必須要注意的規矩和約束。智慧和戒律，都是修道人必須具有的修養，然而這兩者都可能過猶不及：智慧過頭是放誕，戒律過頭是迂執。這二位菩薩的坐騎，也就象徵著過猶不及處，可以損害修道人的修行。大鵬金翅鳥來歷非凡，他是如來的大護法，無所不見、無所不及。因此，他飛行的速度，可以遠超過孫悟空的觔斗雲。然而，太快、太急也是修道人自修的禁忌，這三位巨魔他們象徵的意義，在我看來就是對於孫悟空的警惕——過猶不及，即使最好的行為，做過了頭也會造成災害。至於為什麼這三魔會在西行路上出現？我們可以解釋為佛祖對唐僧五眾的試驗，也可以解釋為提醒任何修道人，凡事不能做過頭，必須有所約束、有所警惕。

紅孩兒來歷非凡，他是風和火結合的孩子。如上所說，印度四元素——「動」的風、火與「靜」的地、水，兩者各自互濟，而風和火都在「動」方。紅孩兒是個嬰兒的形象，一身紅色童裝，裝扮很像封神榜裡面的哪吒。孫悟空個兒不大，和小男孩的體型相差不遠，只是一副猴相，和紅孩兒的俊秀恰是對比。紅孩兒的特色是好強鬥勝，這也是孫悟空不受約束的一面。觀音出手降伏紅孩兒，也是用了金箍圈，一套五圈分別套住頭頂和四肢，才收他為座下的善才童子，和龍女常在左右。套住紅孩兒的金箍圈和孫悟空的緊箍圈，都以「定心神咒」來約束。由於這些對比，我才覺得他們二人是一個對照面——這兩次的大試驗，主要也是佛教「收心」的意義。

經過了這些災難，西遊記有一章是在寇員外莊上遭賊的事情。這一件事，在西遊記中顯得有點突兀：那些小賊沒有什麼能耐，就是進門搶劫而已。可是，寇員外這一章節，卻占了不少篇幅。我以為此處特別交代，小賊可能隱射「心經」中的六「色」。在孫悟空遇見烏巢禪師以後，觀音菩薩授悟空《心經》，其中提到的「無眼耳鼻舌身意，無色身香味觸法」，這就是心經中的「六賊」，其事很小，但後果可以很大。

《西遊記》八十五回三藏與悟空有一段對話：「佛在靈山莫遠求，靈山只在汝心頭。人人有個靈山塔，好向靈山塔下修。」他又提醒師父，修心的道理：「心淨孤明獨照，心存萬境皆清。差錯些兒成懈怠，千年萬載不成功。但要一片志誠，雷音只在眼下。」果然，到了靈山，卻又碰到牢獄之災。八百里之外便是靈山，唐僧即將圓滿，妖魔鬼怪盡除。這時候，他們要注意的乃是，禪宗修煉「破三關」之說：第一關破本參，指開悟；第二關破重關，指見性；第三關破牢關，是證道。唯破此關，方能成佛。唐僧即將成佛還遭遇牢獄之災，不過點明這一個大的關鍵。

西行將近完成，在通天河上凌雲渡頭，唐僧五眾遭遇又一次重要的提升：「那佛祖輕輕用力撐開，只見上溜頭泱下一個死屍。長老見了大驚。行者笑道：『師父莫怕。那個原來是你。』八戒也道：『是你，是你。』沙僧拍著手，也道：『是你，是你！』那撐船的打著號子，也說：『那是你，可賀，可賀。』他們三人也一齊聲相和。撐著船，不一時，穩穩當當的過了凌雲仙渡。三藏才轉身，輕輕的跳上彼岸。」書中讚語：「脫卻胎胞骨肉身，相親相愛是元神。今朝行滿方成佛，洗淨當年六六塵。」於是，結論就是：「猿熟馬馴：此誠所謂廣大智慧，登彼岸無極之法。」

經過死亡這一道關口，一切解脫，他們終於到了靈山的境界。如來鑑於唐僧遠道求經的誠意，也心喜他們能夠通過重重關口的試驗，允許給他們真經帶回東土。主管經籍的阿難，問他們，給你無字的經好嗎？唐僧回話：我遠道求經，就是希望拿文字經帶回東土。如果帶回無字經，又有何用？阿難給了他們經籍。可是，中途他們發現經書空白無字；回來再次要求，阿難才交付有字真經。這一段「有字」、「無字」的差別，是禪宗很重要的譬喻：無字的，是自己體會的經典；有字的，是前人傳述的經典。真正得到的要義，必須經由自己體會而來。同時，《金剛經》也說過：「以色相見我，音聲求我，不得見如來。」色相、音聲與文字，都是一個介體，而非本義。也因此，禪宗六祖慧能著名的偈子：「本來無一物，何處著塵埃？」這些理念其實佛、道互通，老子道德經也說過：「道可道，非常道，名可名，非常名。」

在前面幾段，我屢次提起這個問題：究竟「西遊記」表達的宗教觀念是佛教呢？還是道教？我的結論是吳承恩所處的時代，中國的道教有符籙和丹鼎兩派，符籙的正一派迎合皇室和權貴的喜好，主張借用神力求得長生，也借用神力排除災害。丹鼎的全真派卻是以煉內丹——也就是運用特定的方式在自己內部修煉，以提升道行。另一方面，唐宋時代的許多佛教宗派，都已經隱入學術範疇，唯有禪宗、律宗和淨土宗三家鼎立。禪宗的教義和道教內丹派的全真教的信仰，其實頗可互相呼應。《西遊記》中所談的一些道教觀念，尤其使用的名詞，奼女、嬰兒、元神等等，都是內丹派的名詞。奼女、嬰兒並不是真正身外之物，嬰兒乃是意指人身的純陽，奼女則是指真陰。陰陽二元必須互相配合，二者互助、互濟也互補，才能養成「元神」，也就是真正的自己。至於五行之說，在西遊之中表現為金公、木母，則是以「心」制伏「欲」。唐僧他們五個角色，頗有讀者設法將他們分別認定為五行之一，可是都不能妥當分配。西遊記整體而言，悟空的師父須菩提應當是佛教人物，可是傳授的詩句卻是道教；經過烏巢和觀音，孫悟空才受到了心經的約束。

在西遊記中，玉皇大帝的天庭並不莊嚴，只有裝腔作勢的官僚系統。太上老君是玉皇大帝之外的另一系統，如來、觀音又是道教以外的另一套系統。這兩大系統，卻是獨立於玉皇大帝的神庭之外。如前面所說，《封神榜》中玉皇大帝的天庭屬道教，將宇宙之間一切事物，都分配給道教的神統管理。將佛、道兩個神統對比，西遊記顯然是尊重佛統的程度大於道統。

綜合言之，我同意余國藩的意見：西遊記是「心」的歷程。（我的第一本散文集命名為「心路歷程」，余光中為我取了英文書名 *The Journey Within*，當時只是借用「天路歷程」，無關「西遊記」。現在想想，倒可真能用於西遊記。）從余國藩的結論稍作修正：西遊記是佛教禪宗的寓言，可是加上了當時流行道教內丹派的一些觀念；如此配合，也正因為禪宗和全真之間，不僅有許多理念是互通的，而且全真派的形成，可能接受了相當成分的禪宗影響。再者，王陽明的心學其中禪味甚濃。西遊記沒有提起王陽明，可是儒、道、佛三家的合流，卻真是近世中國思想重要特色。

回顧本章，羅列了四部通俗小說，作為中國人心靈世界的影照。這四部書的聯繫，也未嘗沒有時間軸上的連續和變化。施耐庵的水滸傳，寫作時間正在元明之際，蒙古征服中國後禮壞樂崩，經歷了文化大劫；繼之而來的是明代專制，現實的世界是暴力構成的統治。施耐庵要創造一個理想的另一秩序，讓那些被壓在下層的人物可以翻身，改變應有的秩序。但是，事與願違，梁山的世界並不如此美好，一樣也有許多欺騙、計謀、暴力等等因素，於是，創造這個理想世界的努力，不能不終結為梁山大夢的破滅——只有魯智深逃到世外、李俊逃到海外，燕青雲遊不知所終。

三國演義則是借著漢末天翻地覆、國家分裂的時代，勾畫成兩種極端的形態：正統人物和篡位者。正統的人物，特別標出關羽的義勇和諸葛亮的智慧；而他們的對照面，則是董卓、曹操這些人物——以奸詐對照義勇，以欺騙對照智慧。三國演義留下的關公和諸葛亮，竟因為這部小說成為永久不朽的神人。貫穿整部三國演義的精神，是強調「義」字——自己選擇的人際關係，而不是因為既有的社會地位和倫理。不過，讀三國演義有時也難免產生疑問：劉、關、張的交情，何以如此缺少默契？以致關公威震中原的大舉動，沒有取得劉張的配合？諸葛亮見大事如此清楚，何以沒有培養班底？以致事無巨細一肩擔起，終於鞠躬盡瘁，累死了自己？

第三部書封神榜，卻是勾勒神、魔兩個世界。神、魔兩股力量卻是同源，神、魔之間的對抗，都借著死亡取得解脫，將互鬥時期的種種恩怨，化解為宇宙秩序中各種事物的排列，以及其中的互相關聯。神界的官僚系統，或可象徵宇宙事物應當是個整體；也因此神與魔之間，最後終於恩怨盡了，共同納入一個彼此依賴的網絡。

第四部書西遊記，接著封神榜的觀念，卻將宇宙秩序內轉為「心」的世界。「心」作為人精神的主體，必須經歷種種的關口，在試驗之中不斷自我克服，終於提升境界，能夠超越感官與意識之間的煩惱，經過悟解「色」、「空」無別，到達「不生不滅，不垢不淨，不增不減……心無罣礙，無罣礙故，無有恐怖，遠離顛倒夢想，究竟涅槃。」西行路上八十一難，都是自己內心的業障；歷經這八十一難，也就是終於排除自我引起的煩惱：這一個「心路歷程」，大概也代表了中國儒、道、佛三家逐漸融合，取得的共識的過程。

這四部小說串成系列，似乎可以想像為人類理想境界悲喜劇的四段樂章：水滸是由「聚義」結合為一個理想人間，其間的嘗試和破滅令人唏噓。三國是挑選這一「義」字，塑造為幾個典型人物：他們功業未成，卻留下理想人格千古彪炳。封神榜是對於善、惡，成、敗這種種對立和鬥爭，提出辯證過程的對抗、超越和解脫，終於出現共存的和諧。最後，西遊記竟將人間的許多艱難困苦，內化為人類內心的掙扎，由認識欲望到克服欲望、提升自我，終於悟解一切俱空而得到自由。因此，這項小說的串聯，譜成既悲又喜的人生心路。

這些作者都不是大儒、高僧，也不是當時知名的大人物。由於作品的內容豐富，情節熱鬧、人物鮮明，數百年來無數讀者都被吸引。他們傳達的一些觀念，也就不知不覺潛入讀者的內心。於是，閭裡鄉村街談巷議的場合，姜太公、諸葛亮、關公、武松、三太子、孫悟空……儼然百姓心目中的英雄。玉皇、東嶽、觀音以及封神榜的眾神，成為主宰我們生活的神庭。市井江湖上，也以「義氣」為人際交往的要件，以「良心」為做人處世的根本。這些作品未必來自民間，卻已融入民間，構成中國民間文化的重要部分。

後言

中國文化的新生

本書將近完成之時，恰是美國大選。這次選舉的過程以及後果，充分顯示美國的民主制度和自由思想，都面臨極大的危機。選出來的新總統，是以情緒化的感受為依據，提出排外、閉關以及不顧窮人生活的獨斷決策。美國二百多年的民主制度，強調人權、個人自由以及族群平等。大家向來相信，這一個代議政治即使不是完美的體制，較之帝制和獨裁而言還是比較公平而安全的政治制度。然而，這一次的選舉使世人吃驚，有這麼多的選民，卻選出這麼一個民粹主義的領袖。這次選舉中的民粹主義非常顯著，選民只顧著一己私利，公平、正義等更為宏大的價值，竟已不在他們的關懷之內。這些毛病之所以產生，根源乃是西方文明長期建立在個人主義和物質利益之上。

在這次選舉以前，美國已經有將近十五年，在經濟方面不斷發生激烈的起伏。幾次重大災難，都是由於企業界和金融界不顧信譽，也不顧市場的整體利益，以其私利為主，甚至於不惜造假，也不惜於掩蓋錯誤。現代資本主義是建立在「信用」二字的基礎之上。如果「信用」不存在，所有的證券、權狀以及借貸，都將成為欺騙的工具。

據韋伯的解釋：現代資本主義與新教倫理之間的關係是，個人的成功乃是彰顯上帝的恩惠。現代經濟發展，曾經造就不少成功的企業家；他們致富後，頗能將財富回饋社會。可惜現代資本主義行之已久，當初新教信仰提供的精神力量已經淡化，追逐私利的動機日趨強烈，已經沒有東西可以約束它。如此情況，很難再有回頭的機緣了。

西方文明是現代文明的基礎，現代世界經濟繁榮、物質充沛，是運用資本主義的自利觀念，啟動人人努力的動機。不幸之處在於，正是圖利之心太過，致使人們的貪欲無窮膨脹，以致富者愈富，窮者愈窮。今日美國財富集中，最富有的百分之一的人口，擁有全國財富的一半；而最窮困的百分之三十的人口，都活在貧窮線下方。如此不公平的財富分布格局，早晚會引發動亂。現代文明的「經濟」一環，就必定會出現問題。美國民主制度之下的問題，在二〇一六年選舉中尤為顯著：富人以金錢操縱媒體，媒體進而影響乃至操作輿論，於是出現鈔票決定選票、財富左右政治的現象，終於出現了「美利堅分裂國（DSA）」，不再是「美利堅合眾國（USA）」。

現代文明的另一支柱，乃是工業化生產。這一體制，一方面依賴資本主義的市場，集合資金以分銷產品。現代的工業生產，又依賴著科學技術的突飛猛進——尤其最近半個世紀，數字和網路的技術，對於生產效率的提升以及訊息傳播的效率，非常巨大而深遠。然而，大規模生產方式往往竭澤而漁，大自然遂被榨取盡空。人們的日常生活力求舒適，進而違背自然規律強行改造生態，宇宙間的種種均衡，也就處處受到干擾。另一方面，這些技術逐步發展出人工智能和機器人，也就是將生產甚至於思考的工作，都從工人手裡奪去，委之於機器。目前已經看出來這種趨勢：將來的工人，已經不是中、小學程度的教育可以培育，更不是體力工作者可以擔任。大量勞工階層的人口，這兩百年來都是居於社會底層。他們失業之後，將如何安置這些無法擔任高科技勞動工作的一般人口？

數位化和互聯網技術，使人與人之間的距離日益縮短，所謂天涯若比鄰。可是，與之同時出現的卻是我們四周圍舉目無親，越來越孤獨。人與人之間的疏離，在都市生活中已經明白顯示，卻是比鄰若天涯。現在，無論是城居還是鄉居，小區的關係都非常淡薄，個人與個人之間也很難構成親密的社群。甚至於，因為每個人的工作流動性，以及交通方便所致，人們的工作機會日益分散，個人的確已經很難有所歸屬。人與人之間的獨立，已經影響到家庭的制度，甚至於影響到婚姻制度。許多散漫的個人無所歸屬，他們不會彼此關心；他們工作和努力的目標，將回歸於飲食男女這些最原始、最直接的欲望。從這些角度看來，現代科技增加了我們生活的資源，也因此使每個人的生活都比過去優越、舒服。人們為這種生活所付出的代價，則如上所說：人失去了方向，也失去了歸屬。

現代文明的改變非常迅速，可謂日新月異——我們可以拋棄過去，當然更不用顧及傳統。由於每個人的生活只在乎今日，而且家庭生活已經淡薄，人對於「身後」以及「子孫」這些問題，都可以不必在意，於是，每個人的生活只顧著今天——既不必懷念過去，也不必關心未來。時間的延「線」，終於只成了當下的一「點」。

從兩個角度看：個人的疏離，切斷了人與人之間的紐帶；只顧今日，切斷了時間上的連續。人本來是一個合群的動物，可是今天，我們變成許多孤獨的個人。面對複雜的社會，和公權力極端強大的國家，這些孤獨的個人，將只是國家與社會之下的螻蟻。我們面向太空開拓，可是我們保不住自己地球上的資源。我們有大量的貨品可以消費，但是我們管不住自己的欲望。

「進步」兩字，使我們只想進展不想保存，更不知道愛惜資源。以這個趨向走下去，曾經是人類福祉的現代文明，將變成人類的咒詛。咒詛的符號已經出現了：大國與大國之間，以核彈相威嚇；伊斯蘭教徒的恐怖活動，則是弱者對於強者無望的反抗——兩者都是同歸於盡的姿態。現代文明發展經歷了三百多年過程，到今天，我們不能不思考：這個文明的未來，究竟怎麼樣？

本書前言曾經特別提到，以基督新教理想建構的現代文明，其個人的位置，本來可以經由上帝的恩典互相結合為人類的整體，同樣蒙受神恩的眷顧。而在現代文明的科學部分，上帝的位置逐漸被數理結構排除。個人與個人之間，失去了神恩作為連結點，個人散漫於各處無所聯繫。唯「利」是念，人人爭利，人跟人之間只有利益衝突而難有和諧共存。當今人類社會貧富懸殊，遍布不公不義卻無所匡救，人類又何異禽獸？

三、四百年來，歐洲經歷了長期的變化，在這基督教信仰的庇護之下，發展了資本主義和現代科學，終於成為世界上最強大的一支文化力量。西方文明，逐步席捲世界。基督教文明壓制了伊斯蘭教世界，也擊敗了東方文明的中國和印度。現代文明的支柱，如前文所說，是資本主義和民主政治，加上追求宇宙間的唯一真理（現代科學的追尋）。在西方力量主宰全世界時，現代的世紀文明，無條件地接受了西方文明帶來的文明基因。成也蕭何，敗也蕭何，西方文明帶來了這些現代人類生活的一切，可是也帶來了獨斷精神和個人主義。如本章前面所說，現代文明的困境，也就種因於這些文化基因。

也不過是十五、二十年以前，美國的政治學者福山曾經撰文，宣稱世界的文明已經走到幾乎完美的地步。尤其民主政治和個人自由，將來只需要一些小型修正，歷史已經到了終站。言猶在耳，這十來年，從九一一開始以至於今日，世界的動盪和變化，似乎更肯定了福山的老師亨廷頓的話：文明與文明之間，將爆發極大的衝突。我們今天知道，歷史不會終結，歷史將永遠發展。最近福山改變了他的理論，幾乎認為近來中國的崛起，竟可歸諸於中國有一個強大的政府。我以為，他又一次說過了頭。

這二、三十年來，「普世價值」這一名詞，成為常用的口號，以顯彰英美式的人權觀念和民主政治。的確，我們在前面有說過，現代的民主政治以及個人主義有它的優點，可也並不是到了完美的地步。美利堅合眾國成立的時候，托克維爾已經指出，美國立國的理想和建構的制度，可能終於會像希臘城邦曾經經歷的轉變一樣，逐漸變質以至於完全背離了本義。現在看來，他的預言似乎正在出現。

宇宙永遠在變動，人類的世界也永遠在變動，既沒有永恆的真理，也沒有普世的規則。這一切信念，都必須建立在「適當」的條件下。而且，任何事物的發展都是過猶不及：「不及」是沒作到，「過」則是超越了其應有的限度——或是在量的方面過分，或是隨著時間的發展而自恃完美、不容改變，其後果都是僵化。

世界上的人類，各因其自然的環境和族群與族群的接觸，面臨了許多不同的條件，也因此取得了多種的文化基因，各自發展為獨特的文明體系。人類的經驗是多方面的，也多樣化，人類不必自我拘束，只跟著一條軌道行走。在今日，全球化的大浪潮下，被西方文明壓倒的許多其他文明體系，都還有其可貴之處，值得大家再思考，作為矯正和補足現代文明困境的思想資源。今日世界，伊斯蘭文明有與基督教文明有同樣的缺陷：獨斷。印度文明已經衰微，而且內部階級過度分化，很難真正做到當年佛教堅持的眾生平等。在世界幾個複雜的文明系統之中，中國文明有其非常獨特的發展過程，也形成了相當可觀的文明特質。敝帚自珍，除了中國文明系統之外，也就沒太多可以選擇的經驗了。許多中國歷史上的經驗，在西潮湧來時已被擱在一邊。可是，在本書討論的各種現象看來，那些經驗也許在西化的文化菁英層次，他們已經引入過去。然而，在民間保存的世俗文化之中，在過去的一些澱積，似乎並沒有完全喪失。本書檢討這些儲存在民間的文化因素，正是希望這些中國文化的遺留，還可以重新闡釋，作為今天重建世界文化的參考。

中國的宇宙秩序是多元互動，有「五行」的相生、相剋，也有陰和陽二元的相背、對偶。在「易經」之中，變化不斷地進行，任何變化都會引起更多的其他變化，宇宙間是在永遠尋求均衡。凡此特色，與其說是仰望上帝神聖的主宰，毋寧說是依靠自己的努力，在一個大系統內追求永恆的平衡。衡態是一個追尋的目標，然而衡態不能停留，一切狀態都只是過程的一個逗點。這種境界的設想，遂與歐美完美宇宙的構想有很大的不同。以上兩種中國的傳統理念，滲透於中國人的生活，無論是飲食、醫藥、居住的「風水」觀念，還是人立身處世的心態，都反映了上面這兩段所說的宇宙論和知識論。

在時間觀念方面，西方文明聚焦於當下此時，中國人選擇了過去、現在、未來無始無終的延續。中國人的生命觀，也並不是將生和死割裂為兩截——生和死是連續的，也只有將一代代的生命連成一串，才能慎終追遠，將個體的生命納入群體的生命，從而超越個人的生命。在這種意義下，個人的死亡只是「生」的轉換。在中國人的觀念裡，整體的生命是兩條線：一條是對生命延續的盼望，一條是對於過去歲月的憶念——兩者是平行的長流。於是，在中國理念中，死後境界乃是死前生活的延續；生前具有的一些人際關係，在死後照舊延續。這兩條並行線——就是生命和死亡，將現在與過去交織在一起，二者永遠平行卻糾纏不斷。這一形式，也是與歐美文化傳統觀念，有很大的差距。

如前面所說，中國人強調天人之際、互相感應。於是，中國人對自然有一特殊的親密感。在農耕的生活形態下，春耕、夏種、秋收、冬藏，無不與季節的變化密切的配合。在空間方面，農耕的聚落和牧人的部落不同——農耕生活的聚落代代相傳，生老病死都在這一個村落或是城鎮內。人們安土重遷，聚落周圍的環境，山河林野都與自己生活永遠融合為一。自然界的時空乃是個有情的宇宙，在中國人的生活裡，自然時空不是外在，而是與自身彼此融合的一個整體。這一特點，也與歐美將自然與人分為對立的主、客二元，有根本上的差異。

自然界的山川大地和各種生物，在中國人的理念中，無不有情。山神、水神、樹精、物妖，無不是我們人類生活的影射。這是中國自然崇拜的一部分：神祇和精怪，無不與人相通；神異境界的力量，和人之間的生活互相滲透。因此，自然力量轉化的山神、水神，可以滲入人間。一切眾生，人類對他們都心存感激。成妖作怪的精靈，也可以轉化為人形，進入人類生活。人與自然之間的交錯和融合，實際上是經過人類理念、心智的投射，將自然人格化：人終究還是一切的主體。中國人的美學，無論在文學或是藝術方面，也是有情的體會。對於自然的感受和感受的表現形式，都是親密的、互動的。自然和人間不是對立的二元，而是糾纏融合、無法切割。中國的山水畫之中，人是走入自然，而不是站在自然外面睇視鏡框中的對象。在世界各種文字的詩詞中，景物擬人處處有之。然而，中國文學尤其是詩詞之中，幾乎沒有一種自然事物，不是以人的情感或面貌出現。

人對於其他的人，在儒家的理念中，群己之間的倫理，乃是推己及人、由近及遠。這種結構如同一個同心圓：修己之後，最後的終極境界則是安民，然後安天下。人我同胞、物我與也，人的同情和親密，可以伸展到人類以外的世界。在縱向的時間軸上，慎終追遠，自己只是長程延續的一個連結點；繼往開來，下面還要延伸到子子孫孫。然而，這一點非常重要，沒有自己的存在，大宇長宙的時空網絡也就不存在了。

人對未來，難免憧憬更好的境界，假如以禮運大同篇的「小康」「大同」之說而論：大同的世界很難達到，但是儒家卻將「大同」先假定為過去曾經存在的狀態，也是我們求其再現、懸為一個努力的目標。本書曾經陳述舊日無錫的民間社會，大家合力辦理小區福利、照顧貧寒老弱，即是以「推己及人」的方式實現群、己的延續。今日臺灣民間信仰，努力推動信眾响濕濡沫、扶攜互助，也是基於同樣「推己及人」的理念。

設想一個美好的人間，乃是世界人類共同的夢想。歐美人的想法，是曾經存在於人類還沒離開伊甸園之時，也存在於世界終結裁判之後，上帝允諾我們再回到的無窮的美好。在中東祆教、摩尼教的構想中，則是善惡兩元的鬥爭，到最後善克服了惡成為永遠的光明。在印度的佛教傳統，「淨土」可以是一個遙遠西方的某處海外天地，而更可能是等待彌勒佛回來，為我們設定一個極樂世界。在近代的社會進化論上，例如馬克思主義，憧憬著未來必定會到達的一個沒有階級、也沒有貧富的社會。對完美世界的種種的理想，都只懸為我們努力的目標。

中國人的大同之夢，和其他各處的想法基本上差別不大，只是中國人盼望到達這個境界的途徑，並不經過不斷地鬥爭，而是不斷地自我提升。這種對於另外一個世界的憧憬，在民俗宗教之中，表現為「三劫」的觀念：過去、現在、未來。只是，在摩尼教未來之世，是光明的全勝；在佛家，將來的淨土則是一切煩惱都能解脫的境界。中國民俗宗教之中，卻是將未來之世逐漸轉移為內心自己的修煉，在自己的心中從煩惱走向安靜。這種內修的境界，我想是從儒家修己的觀念，延伸為宗教的情操。

為了持守這種理想，中國人的民俗崇拜和傳說中，對於曾經為人類造福的人物加以神化。這些人物盡力為人間造福，辛苦勞累、含冤受謗，甚至犧牲自己生命。在一般的意義上，他們是失敗者，然而在中國人的心目之中，這失敗者卻是人心懷念的英雄。在現實之中，許多人間的不平事，也有許多人生不如意之處；但是在傳說裡面，中國人將那些人間的缺望長久紀念——在思念之中，也隱藏了對不平事物的裁判。民間的祭祀中，常常有當地人人參與的節慶和廟會，年年提醒有哪些該紀念的人、哪些過去犯過的錯誤。他們也在戲曲、歌詞和各種的媒體之中，將人間的遺憾一次次的述說，聽眾為之歎息、哭泣，也正是表達對過去的評斷，也是對自己的警惕。

中國的思想系統以儒家為主軸，儒家的思想是以人為本。儒家一樣有祭祀，不過，祭祀是從人的角度將神、人結合。儒家雖然號稱不談怪力亂神，實際上儒家對自然的尊敬，和對於應該感激的對象崇功報德，也具有相當真摯的宗教情緒。

除了儒家以外，最重要的還有佛、道兩家。佛教來自印度，卻經過了中亞的改造，融入了許多古代波斯孕育的祆教、摩尼教的思想。道教的形成，則是經過佛教進入的刺激，啟發了中國的方術之士，將陰陽五行理論合組為建制性的宗教。中古時代，中東的啟示性信仰進入中國，也是發端於古波斯這一源頭，他們所信仰的歷劫和終極解脫的樂土。

中國人的信仰，乃是經過不斷融合各種因素：三教合流，組成的一些民間教派，將儒家的人間性逐漸收納；到了近代，這些宗教幾乎都回歸現世和人間。今日臺灣，不僅宗教人間化，更有一些有心人，將人間化內向為「修己」的歷程，致力自我提升，由內省克己盼望達到寧靜平安的境界。這就是神聖回歸於生活，凡俗昇華於神聖。整體言之，上面所說，不外乎陳述中國人的精神生活，是以人為中心、以人為對象；其中超越的部分，也是將「人」放在樞紐的地位。更可貴者在於：這些觀念只是在民間默默發展，似乎未見廟堂與學府的介入。

此處，我想刻意提出第十章，因為這一章，等於是前面九章陳述現象的綜合，反映為民間喜愛的讀物。一般受過中等教育的群眾，未必熟悉前九章所陳述的現象，卻可以從第十章中的四部小說，理解民俗行為與文本之間的互動。我以為施耐庵借用本來傳說的資料，一方面陳述梁山是一個社會底層群眾追尋理想的故事，他們夢想建立一個平等而又能夠參與當世的新世界。可現實情況是，明代的專制政權，以及上層、下層之間的隔離，終於令人失望。於是，水滸傳的第二部分，乃是「梁山」的破滅。曾經參與構建夢想的重要角色，有的死了，有的遁入空門，有的乘桴遊於海外，有的流浪不知所終。

羅貫中的三國演義，以三國鼎立為背景，在正、邪，忠、奸種種對立之中，構建了兩個偶像：諸葛亮的忠誠和智謀，關羽的義氣和勇武。為了建構這兩個幾乎完美的形象，他移花接木，將一切值得欽佩的事件放在他們身上。羅貫中的構想，大概是另一種「他世」：將個人與個人之間，自己選擇的「義氣」，當作維繫人間的紐帶。整部三國演義，無非是「義」與「不義」之際的對照——「義」的代表人物失敗了，「義」的光輝卻炳耀千古。

明代中期，現世種種令人失望的制度和行為，又刺激了封神榜的作者。在這一部神怪小說中，預設了矛盾、協和以及秩序的出現。在這一個終結以前，必須經歷正與邪、神與魔、忠和奸以及善與惡的種種對抗；鬥爭結束之後，所有參加鬥爭的人物和精怪，卻是一體列入新的神庭，分工掌管宇宙間的一切。神魔對抗的大戰，其後果不是一方壓倒另一方，卻是在預設的佛、道兩家理想融合之下，能出現一個整然有序的新宇宙。

第四部小說則是西遊記，吳承恩將唐僧西遊求經的故事，改編成一個人追求至上和解脫的心路歷程。小說中，他合併佛家和道教的教義，還有儒家心學的成分，以西行途上的八十一難，象徵人在自己修持過程中所要經歷的考驗——也就是到達至善之境以及解脫以前，必須克服的種種誘惑和錯誤。最後的結局，卻是佛教禪宗的最高境界：悟解一切感官與意念的虛妄，終於達到了「究竟涅槃」，完全的解脫。在那一刻，文字和語言的教導，都已經不需要了。

將這四部書合在一起，他們塑造的人物和情景，為中國民俗思想提供許多資源。那些英雄們，到今天還是大家崇拜、仰慕的對象。中國民間想像的神庭，還是封神榜那些神明，分別管理我們的現世生活和未來的解脫。西遊記中，瑰異的人物和情節，到今天還是一般百姓，經常談論的故事。這四部書的作者並不完全在社會的底層，他們是知識分子，也是社會中、下層的邊緣人。於是，他們的教育背景和知識水平，竟可以將儒、道、佛三家的思想轉輸於民間；民間經過說唱戲劇等等，將這些原本相當精微的觀念，也吸收為一般人對於世界種種變化的解釋。Mircia Eliade曾經將「神聖（Sacred）」與「凡俗（Profane）」之間的差別，當作西方獨一真神教義的重要條件。然而，在中國宗教的發展中，神聖可融入凡俗，凡俗也可以昇華為神聖。尤其值得注意者，西遊記陳述的「心路歷程」，更將超越於生命的神聖放回人的本心，開放了凡人可以自求解脫的可能性。

綜合本書各章陳述的內容，我們可以看出，中國人的精神形態是多元互動，從接觸而融合。於是，許多的對立都可以完成辯證性的轉變。在如此轉變過程之中，又經常顧慮到不要過分——過猶不及，在鐘擺的兩邊擺動太多，即可能顛覆了辯證的過程。中國人的精神生活是內發的，也就是人自己從觀察到感覺，以至於醞釀、吸收，最後到達內心的悟覺。這種的精神生活，其特點是在終於能夠達到圓融的境界。如此種種特點，大概不可能短時間內形成。中國人能夠逐漸形成如此的精神心態，大概由於從新石器時代以來，這一個大的文化共同體，在每一個階段都經歷過不同內涵的個別文化，彼此接觸、調節、共存以至於融合。如前面所說，這塊土地上不同地區因為天然環境的差異，曾經發展過不同的信仰方式，和不同的生活習慣。區域之間的融合，構成了中國文化的主要部分。然後，又和域外不斷接觸，從中東、印度、歐洲引進了那些地區文化的成分，成為中國文化採擷的養分以豐富自己。

這種經驗，別處的主要文化系統，也曾經有同樣的經歷。今天的現代文化，毋寧是全球化長程轉變的一個階段。如果回溯古代的起源，也是多源的發展中，不斷地和附近其他文化接觸及相互影響。中亞、南亞、中東、地中海、歐洲大陸，都曾經有過同樣的融合過程。現代文化本身，乃是這許多源頭的綜合，又經過近代的巨大轉變，尤其現代科學的發展，將這許多來源不同的文明因素，組合為現代籠罩世界的全球文化。

這一現代文明建構的過程，相對於中國的經驗而言，並不非常順暢。族群之間的鬥爭，信仰系統之間的鬥爭，經濟形態的鬥爭，以致到今天，科學文明建築在舊文明上面的種種制度，其間都有格格不入之處。

本章開頭曾經說過，現代文明正在進入一個非常緊張的轉變關頭，甚至於可以說，到了一個出現存亡的危機。西方文明主宰世界，已經有三百年之久。由於西方文明本身排他的特色，這一個長時段內，西方文明已經削薄甚至毀損了許多其他文明。於是，我們必須要尋找新的因素，重覓新生。此時，環顧全世界，能夠對西方文明提出針砭的文化系統，只有中國這一處了！

可是，中國這一處也曾經走過將近兩百年的顛簸和挫折。中國文明自己也已經丟失了不少可貴的因素。本書撰寫的目的，是在反省中國文明本身的情況，看看是否能夠還有剩下的一些餘瀝，足以挹注和灌溉正處於危機中的現代文明。從本書列舉的項目來看，中國文明還是頗有可貴之處，正可以補足和匡正現代文明正在面臨的危機。凡此發展，亦即本書各章所敘述的人與自然的關係，自然之中多元互動尋找均衡的狀態，以及人在群己之際關心淑世的境界，對於理想境界的嚮往，和反映其道德需求的正義、公平：凡此都可以互相貫串，彼此扶掖。

本書前言特別提到，費孝通的差序格局和楊慶堃的市場互動，這兩項從社會調查找出來的結構模式，前者反映著從個人延伸到各個層次的群體，後者呈現網絡系統中多元互動的狀態。前言也提到馮友蘭的「貞元六書」，他的《新原人》、《新理學》和《新原道》，從中國哲學思想的發展過程，推測他所盼望到達的總結論。簡而言之，乃是人與自己、人與群體、人與自然，這三個層面的關懷。在本書各章中，如前節所述，儒、道、佛三家主要思想系統，和混合三家的努力，其發展遵循的方向大致包括從「修己」逐步推向群體，終於個人與人類總體建構為連續不斷的連接線；而人與自然也不外乎，是將天理、世道和人心三層的重疊，和三層之間的延續和感應，連接為整體的多向度空間體系。另一方面，慎終追遠，回溯過去同時也承先啟後、展望未來，將時間軸也拉成延續不斷的延線——廣宇長宙，都著落在以本身為中心點的巨大時空結構之中。

這種的精神心態，即是每個個人自尊自重，還要尊重宇宙的有情。於是一己的良知，也就是「心」，得以開展。從這個中心點，與任何其他人為中心的巨大結構疊合為一。宇宙與人既然是一體，人就不應當無窮剝削宇宙，為了自己的享受予取予求，終於損傷了寄生立命的自然環境。現在常常聽到「永續經營」的呼聲，可惜人心的貪欲無止盡，溫飽之外猶要求更豐盛、更舒適的生活，而不知節制——現代科技本身寄託在大量的消耗能源和資源之上。這種浮士德的精神，追逐而無節制，不幸正在引領人類一步步走向毀滅。

現代的工業化和資本主義，乃是從十八、十九世紀現代的工業革命繼承而來。那時候的心態，是牛頓力學的絕對主義，總以為人類知識可以完全理解一切。二十世紀以來的相對論和量子力學的觀念，卻讓我們必須反思：我們是不是可以更謙虛一點？至少承認我們所見所知，只是巨大的未知之中，非常微小的小角落？而且，這個小角落的知識，又有多少是出於我們的主觀？又有多少是出於我們觀察工具的限制？這種知性上的謙虛，我想也是古代印度和中國兩個文化系統，可以提供今日世界作為針砭的藥劑。

總而言之，本書陳述中國人的精神生活，經過幾千年的吸收、錘鍊和消化，趨於全盤融合、互相呼應的狀態。與剛才說到西方現代文明面臨的窘況相比，我們應有信念：中國文化特有的精神心態，或可匡補現代文明面臨的缺失；兩者融合，開發出一個真正的世界文明。中國式的個人與群體、個人與自然，以及個人居為廣宇長宙起點的結構，仍舊可以擷取西方個人主義之中強調個人尊嚴，以及自由、平等的觀念。中國與西方兩種文明互相配合，以激勵個人、自尊自重，使「修己」的工作更能以慎重莊嚴的態度，致力於自我提升，最後經過「推己及人」走向人類的大同——「天人一體」，體現個人與自然之間的一致性。

本書的推演過程，與馮友蘭「貞元六書」的取徑並不相同。馮氏是哲學大家，他的演繹是在思想史途徑上進行，我則是從老百姓一般人的日常生活中，汲取其各個層面的行為，歸納為這一章的結論。從十九世紀末，中國面對西潮幾乎沒頂，中國人不得不尋找安頓自己身心的理念。「貞元六書」問世，正是在中國危急存亡之際，雖在戰敗國亡的邊緣，中國人還汲汲於追尋安身立命之所。從一九四〇年代到現在，又已超過半個世紀，本書所陳述的一些現象有些已經不在：例如，小區性的社會福利工作，現在已經由國家攬取其權力。又如，美學部分我所取材的詩詞，在今天的青年人所受教育中，已經不很熟悉。但是，一般老百姓的心願祈禱，形之於濟世和信仰，也反映於戲曲和傳說，卻沒有太大的變化。中國人日常生活中飲食、醫藥、居住，所重視的多元和諧，求均勻而忌偏差，趨中和而不過分種種觀念，依舊可見於中國人的思想和行為中。以這些作為素材，我所歸納的一些現象，或者離題並不遙遠。晚年衰病之時，我汲汲於撰述，也只不過是希望以愚者之一得，呈獻當世，在現代文明面臨貞元之際拋磚引玉，以邀時賢進一步的討論。

中國人的精神生活

2017年12月初版 定價：新臺幣340元
2019年6月初版第三刷

著者 許倬雲
叢書主編 沙淑芬
校對 吳淑芳
封面設計 兒日

出版者 聯經出版事業股份有限公司
地址 新北市汐止區大同路一段369號1樓
編輯部地址 新北市汐止區大同路一段369號1樓
叢書主編電話 (02)86925588轉5310
台北聯經書房 台北市新生南路三段94號
電話 (02)23620308
台中分公司 台中市北區崇德路一段198號
暨門市電話 (04)22312023
郵政劃撥帳戶第0100559-3號
郵撥電話 (02)23620308
印刷者 世和印製企業有限公司
總經銷 聯合發行股份有限公司
發行所 新北市新店區寶橋路235巷6弄6號2F
電話 (02)29178022

總編輯 胡金倫
總經理 陳芝宇
社長 羅國俊
發行人 林載爵

行政院新聞局出版事業登記證局版臺業字第0130號

本書如有缺頁，破損，倒裝請寄回台北聯經書房更換。 ISBN 978-957-08-5035-2 (平裝)
聯經網址 http://www.linkingbooks.com.tw
電子信箱 e-mail:linking@udngroup.com

國家圖書館出版品預行編目資料

中國人的精神生活/許倬雲著．初版．新北市．
聯經．2017年12月（民106年）．320面．14.8×21公分
ISBN 978-957-08-5035-2（平裝）
[2019年6月初版第三刷]

1.中國哲學 2.文集

120.7 106020434